22.- 8l⁷ 212

Ludwig Harig

Die saarländische Freude
Ein Lesebuch
über die gute Art zu denken
und zu leben

Hanser

Mit Zeichnungen von Ludwig Harig

ISBN 3-446-12337-7
Alle Rechte vorbehalten
2. Auflage 1977
© 1977 Carl Hanser Verlag München Wien
Umschlag Klaus Detjen, unter Verwendung
einer Zeichnung von L. Harig
Satz und Druck: Kösel, Kempten
Printed in Germany

Die saarländische Freude

Mond in den Fischen
Mein Lebenslauf bis zu meinem
fünfzigsten Lebensjahr

»Vor dem unterzeichneten Standesbeamten erschien heute, der Persönlichkeit nach bekannt, der Anstreicher Ludwig Harig, wohnhaft in Sulzbach, Schlachthofstraße 3, und zeigte an, daß von der Helene Harig, geborenen Kirst, seiner Ehefrau, wohnhaft bei ihm, zu Sulzbach in seiner Wohnung, am 18. Juli des Jahres tausendneunhundertsiebenundzwanzig, vormittags um achteinhalb Uhr, ein Knabe geboren worden sei und daß das Kind die Vornamen Ludwig, Wilhelm erhalten habe.« Wer meinen Vater damals vor dem Standesbeamten hat erscheinen sehen, dreißigjährig, klein und energisch, mit zusammengebissenen Zähnen und hohlem Kreuz, aber den Kopf voller Pläne und Entschlüsse, dem konnte es unschwer entgehen, daß diesem Menschen, aus welchen Gründen auch immer, an der sommerlichen Morgenstunde gelegen war. Es war, wie gesagt, achteinhalb Uhr am Vormittag, und es war ein Montag.

Der im Augenblick meiner Geburt am östlichen Horizont aufsteigende Punkt der Ekliptik lag im Zeichen der Jungfrau. Sonne und Merkur im Zeichen des Krebses schauten freundlich zum Mond und zum Saturn. Saturn seinerseits richtete seine wohlwollenden Blicke zu Jupiter und Uranus. Auch Pluto zeigte sich von seiner schöpferischen Seite und sandte seine günstigen Strahlen zu Venus und Mond. Der Mond stand in den Fischen, so daß Frau Margot ihre Hände über dem Kopf zusammenschlug und rief: »Mond in den Fischen!« und mir diese guten Aspekte noch höher anzurechnen wußte als es die Astrologen für Goethe taten, denen ja bekanntlich der Vollmond widersetzliche Schwierigkeiten bereitet hatte. Ja, der Mond in den Fischen, die zärtliche Beharrlichkeit und die leidenschaftliche Ausdauer, die schwärmerische Zähigkeit und die ekstatische Bestimmtheit, wie schwer hatte es dagegen

Goethe im Gegenschein des Mondes! Kein Wunder, daß das Feuilleton der Saarbrücker Zeitung vom 18. Juli 1927 eine Betrachtung von Else Lasker-Schüler war, in der es heißt: »Wer kennt einen Baum, der Philosoph ist?« und in der die Dichterin folgert: »Es beseelt höchstens den träumerischen Baum ein Wunsch, der, in den Himmel zu wachsen.« Und kein Wunder, daß die Schlagzeile dieser Saarbrücker Zeitung »Entspannung« heißt, »Entspannung in Wien«, nachdem es dort Tage zuvor zu Mord und Totschlag gekommen war.

Beharrlichkeit und Ausdauer, Zähigkeit und Bestimmtheit, ein Wachstum in den Himmel, aber in völliger Entspanntheit, nur, der wunde Punkt sind die Füße. Frau Margot sagte: »Die Füße sind das einzige Problem«, und ich weiß wohl, daß ich meine Füße nicht vernachlässigen und außer acht lassen darf. Ich hätte diese besondere Sorgfalt und Pflege so gerne meinem Kopf zukommen lassen, ich hätte es ihm gegönnt, o ja, aber nun sind es einmal nur die Füße. Gut, ich bin gehorsam und lasse auch sie nicht verderben.

Die schwimmenden Mädchen von der DDR haben es gut, sie haben diese breiten Schultern und diese robusten Füße, ihre flachen Busen und ihre tiefen Stimmen brauchen sie nicht zu beunruhigen, denn sie sind ja zum Schwimmen und nicht zum Singen nach Montreal gefahren. Aber ich muß auf meine Füße achten und soll mich nicht um meine Stimmbänder kümmern, wo ich doch singen und nicht schwimmen muß. »Wann ist im Schwimmen die Leistungsgrenze erreicht?« fragte Harry Valérien in Montreal. Er sagte: »Wenn die Menschen zu Fischen geworden sind.« Ich bin Krebs, in einem wässrigen Zeichen geboren, vielleicht verwandeln sich meine Füße in Flossen und ich brauche mich nicht weiter zu sorgen.

Es war also ein sonniger Vormittag im Juli, und es war Montag. Wenn es ein Sonntag gewesen wäre, dann säße ich jetzt wohl hinten auf einer Kutsche wie Eichendorffs Taugenichts, aber es war ein Montag, und ich brauche nicht unbesorgt in der Welt herumzukutschieren. »Morgenstund hat

Gold im Mund«, sagte mein Vater, der andererseits das Bett als die größte menschliche Errungenschaft pries, und meine Mutter, deren Geschäftigkeit eine lähmende Krankheit zum Stillstand brachte, sagte: »Ohne Fleiß kein Preis.« Als vor vier Jahren ihre Asche beigesetzt wurde, schlug der Pfarrer die Bibel auf und las uns vor, es ginge dem Menschen wie dem Vieh, und er habe dem Vieh nichts voraus als die Arbeit, darum sei auch nichts besser, als fröhlich in der Arbeit zu sein, denn das sei des Menschen Teil.

So lebe ich, heiter in der Arbeit und ernst im Müßiggang, nicht in atemloser Hast, aber tief durchhaucht von der Wollust des Tuns. Denn Arbeit ist nicht Arbeit, und Leistung ist nicht einfach Leistung. Schon Mark Twain hat zu Recht gefragt, warum eigentlich Tütenkleben Arbeit und das Besteigen des Mont Blanc Sport sei. Ja, beim Tütenkleben ist eben die Gesellschaft und beim Bergsteigen ist das Individuum im Spiel, und das macht den Unterschied aus. Ich sage: im Spiel, der saarländische Mensch arbeitet, um zu leben, und wenn er auf den Schaumberg steigt, dann tut er es nicht, um eine Goldmedaille zu gewinnen.

Mein Bruder heißt Hermann, er ist am 15. Februar 1929 geboren, er ist ein Wassermann. Er braucht keinen Mond in den Fischen, denn er hat gute Füße und einen robusten Kopf, dem nicht einmal ein Stein etwas anhaben konnte. Wir verbrachten unsere Kindheit im Hause unseres Großvaters mütterlicherseits, eines landflüchtigen Bauernsohnes vom Hunsrück, der als Kohlenmesser auf der Grube Hirschbach arbeitete. Wir spielten am Schlammweiher und auf der alten Halde. Die neue Halde sah rot und bedrohlich aus. Ganz oben auf dem Schlackenkegel erschien von Zeit zu Zeit ein Kippwagen mit dem Mädchennamen Lore, und als der Schlager aufkam: »Lore, Lore, Lore, Lore, schöne Mädchen gibt es überall«, da dachte ich als Zehnjähriger, daß es aber einen solchen Kippwagen, der seine rote Schlacke über den bedrohlichen Kegel ergoß, nicht noch ein zweites Mal geben würde. Aber es ereigneten sich auch außergewöhnliche Dinge im Haus, es gab Feierlich-keiten, und es gab auch Turbulenzen. Feierlich ging es zu, wenn Großmutter Geburtstag hatte, ich am Fenster stand und das Festtagsgedicht aufsagen mußte, das mit den Worten beginnt: »Hurra, hurra, Omas Geburtstag ist heute da!« Und turbulent ging es zu, wenn die Geburtstagsfeier eine Weile im Gange war und Tante Trautchen mit einem einzigen Handgriff Onkel Nicolas auf das mittlere Schaft des Vertikos beförderte.

Wir sind eine sehr fröhliche Familie, und die tiefe Durchhauchung von der Wollust des Tuns ist keine schöne Metapher, sondern eine wahre Beschreibung unserer besonderen Fröhlichkeit. Wer beim Arbeiten so tief durchhaucht ist, daß er eine Wollust dabei empfindet, der hat ein recht ungestörtes Verhältnis zur Freude. Dieses kommt dem Saarländer allgemein zu, mit wenigen Ausnahmen, weil er nicht einfach nur auf Sandboden lebt, wie alle heiteren Menschen dieser Erde, nein, unser Boden ist Löß auf Lehm, und da kommt es zu einer ganz eigenartigen Heiterkeit. Diese Heiterkeit zeigt sich in unserer Sprache.

Hier waltet kein Schicksal wie in anderen Sprachen, es gibt kein Werden und Vergehen, sondern ein ständiges Geben und Nehmen im Sprechen des Saarländers, es wird nicht gesprochen, sondern es gibt geschwätzt, und dieses Geben im Sprechen ist unsere Natur. Der Saarländer tauscht die Dinge der Welt und verwandelt sie in heitere Genealogien, er sagt der Butter, er sagt die Bach, und er sagt das Marktplatz, und jedermann erkennt, welche Wahrheiten diese Geschlechtsverwandlungen bergen.

Meine früheste Lektüre waren »Till Eulenspiegel«, »Lockenheini« und die »Bibliothek der Unterhaltung und des Wissens«, auf die meine Mutter abonniert war, damit der Bücherschrank nicht leer blieb. Auf diese Weise bezog ich die Neue Sachlichkeit aus erster Hand, was immerhin für ein Kind aus Handwerkerkreisen einer Bildungsexplosion gleichkam. Aber ich weigerte mich, das Gymnasium zu besuchen, ich wollte bei meinen Klassenkameraden in der Volksschule bleiben. Da saß vor mir ein rötlicher Junge, der vom Wesen her ein Linkshänder ist, aber mit Gewalt auf rechts umgedreht wurde, und der daraufhin der schlimmste Kleckser gewesen ist, den ich je gekannt habe. Dieser Junge konnte schon lesen, als er zur Schule kam, und mit zwölf Jahren lernte er Spanisch, zu Hause hinter dem Küchentisch, aus zwei Lehrbüchern, die sein Vater samt einigem anderen wertlosen Zeug gegen ein Auto eingetauscht hatte. Der Junge hieß Eugen Helmlé, und er wurde mein Freund.

Ich selbst, mit meinem Mond in den Fischen, las Grimms Märchen, und war inzwischen viel zu alt dafür geworden. Aber das Reclam-Büchlein mit den Abbildungen von Ludwig Richter rief keinen Emanzipationseffekt bei mir hervor, ich trat in diese andere Welt ein, mit jener Beharrlichkeit und Ausdauer, jener Zähigkeit und Bestimmtheit, die keine Störung duldet. Inzwischen wohnten wir im Oberdorf, wo mein Vater nach dem Tode seiner Mutter mit seinen Brüdern ein ererbtes Malergeschäft betrieb. Der Opa hatte die Lust am Malen verloren, er ging morgens zum Früh- und abends zum Dämmerschoppen, und Else, Vaters jüngste Schwester, briet ihm Kalbshirn und machte ihm einen Ochsenmaulsalat an.

Zweimal in der Woche liefen wir als Pimpfe in den Wald, um dort Schnitzeljagden zu veranstalten, die übrige Zeit saßen wir im Gebälk des Leiterschuppens, lasen von Jorinde und von Joringel und sahen den Wald von einer ganz anderen Seite an. Mit vierzehn Jahren war ich fest entschlossen, nicht Maler und Anstreicher wie mein Vater, mein Großvater und mein Urgroßvater, sondern Lehrer zu werden, aber nicht wegen der Ferien, sondern wegen des paradiesischen Lebens überhaupt. In einem der Tagebücher Ionescos gibt es eine Stelle, wo dieses Paradies beschrieben ist: »Straßen mit Bäumen, ein Fluß. Nette Schüler. Das Café. Das Restaurant. Der Wein. Die Siesta. Die sonnigen Tage. Die Bücher. Die Lehrer plaudern nach den Unterrichtsstunden beim Spazierengehen auf den Straßen. Hut ab nach rechts, Hut ab nach links. Abends betranken sie sich.«

Ich kam auf die Lehrerbildungsanstalt nach Idstein im Taunus. Wir wohnten im Schloß. Vormittags hatten wir Unterricht in den Klassenzimmern, nachmittags taten wir unseren Dienst im freien Gelände. Wir stahlen Äpfel auf dem Felde oder tranken Apfelwein in der alten Kneipe, mein Zeugnis war nicht das allerbeste. Sonntags spazierte ich mit Liesel auf den Rosenhügel, sie war die Tochter des Pfarrers, und ich sagte das Gedicht auf: »Es schlug mein Herz, geschwind zu Pferde!« Ich dachte immerzu an dieses Lehrerparadies, aber es war Krieg, und es sah nicht so aus, als würde sich dieser Wunsch nach der Siesta erfüllen. Gegen Ende des Krieges gab es fast täglich Luftangriffe auf Frankfurt, wir wurden auf Lastwagen verfrachtet und fuhren in die zerstörten Viertel, um dort die Trümmer aufzuräumen. Idstein dagegen war ein Fachwerkidyll geblieben, in den hellen Nächten stand der Hexenturm als Scherenschnitt über der Stadt, und ich erinnere mich, daß ich oft lange noch wach im Bett lag und das ferne Rauschen der Züge hörte, die vielleicht bis nach Saarbrücken fuhren.

Das Ende des Krieges erlebte ich auf der Harburg in Schwaben, wo Michel Butor später sein Porträt als Affe geschrieben hat. Mein Vater lebte seit zwei Jahren dort als Schießausbilder in einem Wehrertüchtigungslager, und meine Mutter arbeitete in der Küche. Mein Vater ist ein ordentlicher Mensch, und in der Ordnung entdecke ich selbst mein väterliches Erbteil. Aber die Ordnungsprinzipien meines Vaters sind Reih und Glied, es ist die Uniformierung und der Gleichschritt, die meinen sind System und Methode, vielleicht nur Perversionen der väterlichen aus unbewußtem Protest. Mein Vater liebt die Symmetrie und die Kongruenz, ihm geht nichts über die Schießscheibe und das Ballett. Es gibt ein altes Foto von Onkel Julius als Tambourmajor, wie er inmitten seines Spielmannszugs in Dieuze oder in Molsheim steht, da gibt es keinen Uniformknopf auf der linken Seite, der nicht auch rechts zu sehen wäre. Und als der Sulzbacher Schützenverein vor ein paar Jahren neue Schützenhüte bekam und ein prominentes Mitglied schon beim Anprobieren der Hüte seine Krempe verbog, da sagte mein Vater, hier sei ein Schützenverein und kein Naturfreundeclub. Mein Vater liebt prächtige Fahnenspitzen aus Silber und militärische Haarschnitte. Gesetzt, die Schützenbrüder hätten es mitgefochten, mein Vater hätte eine vermeintliche Ungerechtigkeit bis zum obersten bundesrepublikanischen Sportgericht gebracht. Wenn er das Gewehr im Anschlag hält, dann ist er selbst zur Symmetrie geworden, in seine Seele ist eine unlustfreie Unverwirrtheit eingekehrt, griechische Ataraxie. Diese angestrengte unlustfreie Unverwirrtheit ist bei mir zur lustvollen Entspanntheit ausgeartet, vielleicht, wie gesagt, nur eine sublimierte Abart der väterlichen Ataraxie.

Als wir im August 1945 wieder nach Hause kamen, hatte Onkel Willem Vaters Gewehre und Flinten allesamt in der Abortgrube versenkt. Die neue Zeit brach an, und dort, wo die Franzosen, die jetzt im Saarland regierten, keine Waffen und keine Hakenkreuze fanden, dort breitete sich rasch das Laisser-vivre aus. Onkel Willems und Tante Luises Jauche hatte Vaters Waffen gedüngt, aus Lauf und Schloß blühten jetzt nicht mehr die martialischen Rosen aus Blei. Mein Vater trennte sich von seinen Brüdern, mein Bruder nahm Pinsel und Spachtel und ging dem Vater zur Hand. Heute ist das Malergeschäft, das sich zur Autolackiererei erweitert hat, in seinem Besitz, und oben auf dem Fries in seiner Küche steht der Spruch zu lesen: »Willst du Geld und Ruhm verdienen, kauf dir Farben und male mit ihnen.« Und sein Verhältnis zur Natur hat er auf einem Umfragebogen der französischen Kulturzeitschrift »Esprit« so beantwortet: »Abends sitze ich am liebsten hinter dem Haus, höre den Brunnen rauschen und die Vögel zwitschern.« Dann greift er selbst zur Flöte oder auch zur bretonischen Bombarde und bläst sie so tief bewegt, als gelte es, Haus und Hof und Garten zu verzaubern.

Ein Jahr nach Kriegsende setzte ich meine Studien auf dem Lehrerseminar fort, zuerst in Blieskastel, dann in Saarbrücken, dann in Ottweiler, je ein Jahr. Bei Agathe hörte ich die Mondscheinsonate, sie spielte Klavier; bei Martha hörte ich die Trillerpfeife, sie spielte Handball. Aber da war Brigitte, und sie trat unbekümmert und mit heller Stimme mitten zwischen die Musikstücke und die Flügelangriffe; sie brauchte keine Umwege, um mit einem Schritt mitten im Leben zu sein. Unterdessen hatte ich mit dem Schreiben begonnen. Doch wenn ich mich nach dem Mittagsschlaf in unser Dachzimmer hinaufschleichen wollte, um dort ein Gedicht oder eine unumgängliche Betrachtung zu schreiben, da stand meine Mutter schon hinter der Treppe und hatte die Gartenschuhe angezogen.

Und so kam ich gar nicht dazu, Gedichte und Betrachtungen zu schreiben, sondern leerte die Abortgrube und düngte die Bohnen, setzte den Komposthaufen um und jätete das Unkraut, kroch in die Himbeerhecken und kletterte auf die Obstbäume, hantierte mit der Baumschere und schnitt das Spalierobst zurecht, und wer weiß, ich war nahe daran, selbst ein solcher Spalierbaum zu werden, und ich wäre doch so gerne in den Himmel gewachsen, aber auf die Art und Weise, wie es Else Lasker-Schüler am Tag meiner Geburt in der Saarbrücker Zeitung beschrieben hatte.

Meine Mutter ist ein Stier gewesen, sie hatte nichts mit den Fischen und schon gar nichts mit dem Mond im Sinn. Die Arbeit ist ihr Teil gewesen, wie es der Pfarrer an ihrem Grab gesagt hat, aber nicht nur die fröhliche Arbeit, nicht das heitere Schießscheibenmalen und das lustige Türenmasern meines Vaters, ihre Arbeit war diese hunsrückische Notwendigkeit, und nur am Samstag, wenn ich mit meinem Vater und meinem Bruder gemeinsam in den Bohnen stand oder in den Quitten saß, da war auch sie fröhlich, weil die Fröhlichkeit ansteckend ist und man ihr nicht widerstehen kann. Samstags gabs Erdbeerkuchen im Mai, und das ging den ganzen Sommer über bis zum Quetschenkuchen im September. Alle Stunde saßen wir zu dritt auf der Treppe und rauchten eine Zigarette, und nachts, vor dem Einschlafen, rauchte mein Bruder noch eine Halbe Fünf, und noch heute erinnere ich mich an das angenehme Geräusch, das von seinen Lippen herrührte, wenn er einen Lungenzug tat.

In Büchern kann man lesen, daß aus Gärten oft geheimnisvolle Rufe kommen, und in den Märchen haben die Gärten zauberische Kräfte, ja die Mitglieder des Gartenbauvereins sprechen den Gärten sogar Wunderkraft zu, nur unser Garten zu Hause, so schön er auch war, er war ohne Geheimnis und ohne Zauber, und seine Wunderkraft lag ganz im fachmännisch gedüngten Boden. Der Frühsalat, der Kohlrabi, der Winterkohl, ach, was gab es da prächtige Exemplare, ich stand mit meiner Mutter des Abends vor den Beeten, und wir waren nahe daran, an unsere Wundertätigkeit zu glauben. Aber ich wurde aus dem Garten errettet. Es war Brigitte, die mich errettet hat, und zwar kurioserweise in einem Garten, aber das war der halbverwilderte Garten ihrer Eltern auf der Schmelz. Es war genau zwischen der Erdbeer- und der Zwetschenzeit. Wir standen unter dem Kirschbaum hinter der alten Bank und küßten uns zum ersten Mal. Ich mußte auf den Zehenspitzen stehen, aber der Mensch kriegt in diesem Leben nichts geschenkt, und so stand ich auf den Zehenspitzen, bis mir der Atem verging. Seit der Zeit ist es mir, als stehe ich oben auf dem Dach, wie der englische Maler Anthony Green, und rufe immerzu: »Ich liebe dich!« Ich ging mit Brigitte aus dem Garten und fing endlich mit den Gedichten und den Betrachtungen an.

Im Herbst 1949 legten wir unsere erste Lehrerprüfung ab, und ich ging als Assistand d'allemand für ein Jahr lang nach Lyon. »Der Mann muß hinaus ins feindliche Leben«, sagte Hugo Pfeifer, ein Klassenkamerad, der mich begleitete. Aber ich glaubte nicht an diese Weisheit, und er wohl auch nicht, denn wir kehrten nach einem Jahr wieder zurück. Ich hatte im Collège Moderne gearbeitet und im Fort St. Irénée gewohnt, mitten unter gleichaltrigen Studenten und Schülern, deren Lehrer ich war, einer von ihnen ist Roland Cazet, der Burgunder, der später in Adis Abeba und in Djibuti als Lehrer gearbeitet hat. Heute leitet er das Lehrerinnenseminar in Papeete auf der Insel Tahiti, aber jedes Mal, wenn er nach Europa zurückkehrt, sehen wir uns wieder und erinnern uns an das alte schmutzige Fort in Lyon, das sich in unserem Kopf in einen Palast verwandelt hat. Roland erzählt von Afrika und von der Südsee, aber dort ist es ja auch nicht mehr wie zu Rimbauds und Gauguins Zeiten. In Lyon übersetzte ich Verlaine und Théophile Gautier, es war zwar keine Mutter da, die mich in die Bohnen rief, aber es gab ein Mädchen, das hätte mich lieber in seinen Rosen gesehen.

1950 begann ich als Volksschullehrer zu arbeiten, zuerst in Dirmingen, einem Bauerndorf, dann in Friedrichsthal, einem Bergmannsdorf. Brigitte, die als Lehrerin auf dem Hosterhof war, wurde nach Dirmingen versetzt, weil der Schulrat ein Herz und ein Einsehen hatte, und es begannen die fünfziger Jahre, in denen ich meinen Arbeitsplatz vom Küchentisch meiner Mutter auf die Schreibplatte bei Brigitte umräumte. Wir reisten viele Male nach Frankreich, lernten Freunde kennen, und ich schrieb von diesen Reisen und von den Dingen, die diese Freunde taten. Es waren Maler und Bildhauer. 1955 lernte ich Max Bense kennen, ich begann zu veröffentlichen, zuerst in Benses »augenblick«, dann in Alfred Anderschs »Texte und Zeichen«.

Max Bense hat mich stark beeinflußt. Seine numerisch begründete Ästhetik kam meiner Neigung für System und Methode entgegen. Ich schrieb Texte in kalkulierten Schreibweisen, wie Permutationen und Anakoluthe, und bald fand ich heraus, daß im Regelhaften und Planvollen auch das ganze Geheimnis des Spiels verborgen ist, die Taktik und die Strategie. Ich wandte diese sprachlichen Spielformen in Beschreibungen von zeit- und gesellschaftsbezogenen Erscheinungen an, sie förderten schließlich die Komik und auch das Paradoxe zutage, die ich im Menschen entdeckte. Aber über System und Methode hinaus gibt es etwas, das mich mit Max Bense verbindet, es ist ein gewisser vitaler Zug, der zu leidenschaftlichen Hingaben verführt. Wissenschaft und Kunst sind das Feuer unter dem Arsch des Menschen.

Ende der fünfziger Jahre übersetzte ich mit Eugen Helmlé die »Stilübungen« von Raymond Queneau, dann reisten Brigitte und ich mit Hans und Hanno Dahlem und ihrer fünfjährigen Tochter Petra nach Bordeaux. Ich schrieb ein Buch über diese Reise, es war mein erstes größeres Buch. Hellmut Geißner schrieb darüber einen Satz, den ich nie vergessen werde, und der von Jahr zu Jahr immer wahrer geworden ist. Er schrieb: »Das nur, aber ausgerechnet im Humor gefährdete, gleichsam ungeschichtliche ptolemäische Glück, das doch, weil es gebunden ist an Land, Leute und diese Sprache, der Zeit nicht entrinnen kann.« Ein Kapitel, das ich in saarländischer Mundart schrieb und die Teile, in denen ich mich mit den Ideen Montaignes auseinandersetzte, zeigten mir zum ersten Mal, wie das systematische und methodische Spiel noch etwas anderes in mir hervorrief, das ich seit dieser Zeit lustvoll betreibe, es ist die Erfindung von Theorien.

»Es ist der Mond in den Fischen«, würde Frau Margot sagen, aber es hat auch andere Beweggründe, und diese gehen auf den Philosophen Kant zurück. Nicht, daß *ich* Kant studiert hätte, nein, Kant hat im Collegium Friderizianum in Königsberg bei einem gewissen Cochlovius, einem Urururgroßvater von mir, die Logik gelernt, und von diesem ist das Theorienbildende direkt auf mich gekommen. Zwar hat Kant von diesem Cochlovius nicht das geringste gehalten, wie aus einigen Briefen zu schließen ist, aber das ist, wie jeder Lehrer weiß, die Undankbarkeit des Schülers, der aus der pädagogischen Schnurrpfeiferei gleich auf das Unvermögen schließt. Wo er den Vogel im Kopf achten und pflegen sollte, da jagt er die Spinne und die Grille, und oft erst spät wird ihm bewußt, woher ihm diese oder jene Erkenntnis zugewachsen ist.

»Er war in der Logik sowohl wie in der Mathematik ohne Anregung und mangelhaft« heißt es in der »Altpreußischen Monatsschrift der Neuen Preußischen Provinzialblätter« über Kant, »daher hegte auch keiner der Mitschüler von fern die Vermuthung, daß Kant sich jemals der Philosophie mit Eifer widmen würde.« Aber als er dann doch zu philosophieren anfing, da stellte sich heraus, daß der schnurrige Cochlovius seine Spuren in sein Hirn gegraben hatte. Er begann zu spüren, daß die Anwesenheit der Lust beim Denken wichtig ist, und so wandte er sich denkend dem Kaviar aus Riga zu. Epikur hat die Mathematik sogar gering geschätzt, und ich selbst habe sogar das schriftliche Malnehmen vergessen, wo ich doch zwanzig Jahre lang Volksschullehrer gewesen bin. Der vollkommene Mensch braucht nur bis zwei zählen zu können, denn es kommt im Leben auf etwas ganz anderes an.

Was Kant auszeichnet, ist ja nicht diese mathematische Form der Logik, sondern es ist die theorienbildende Vorliebe, die er zeitlebens besessen hat, es ist vor allem diese apriorische Entschlossenheit, die immer eine gewisse Totalität der Realfälle im Auge hat, »gleichgültig, ob diese in Wirklichkeit vorkommen, vorgekommen sind oder vorkommen werden«. Wenn Kant herausgefunden hat, warum die Neger schwarz sind, dann hat er nicht allein die Hitze und die Kost, die Luft und die Erziehung in Rechnung gestellt, sondern er hat das Licht als solches, quasi das Ding an sich, das wahre Sein zum Anlaß dieses Phänomens gesetzt. Kant sagte, der Anblick der schwarzen Hautfarbe entstehe dadurch, weil das Licht, welches durch die Oberhaut in die vertrockneten Gänge des Corporis reticularis fällt, reinweg verschluckt wird. Und wenn ein Mohr dann und wann einmal ein weißes Kind zeuge, dann geschehe das eben so, wie bisweilen ein weißer Rabe zum Vorschein kommt, oder es ist ein Albino, der zwar mohrisch von Gestalt sei, aber nur bei Mondlicht sehen könne.

Hell steht der Mond in den Fischen und erleuchtet diese cochlovius'schen Konstellationen. Aus dieser lustvollen theorienbildenden Tätigkeit, aus diesem robusten Umgang mit dem Apriori sind einige Bücher von mir hervorgegangen, vor allem die »Sprechstunden für die deutsch-französische Verständigung und die Mitglieder des Gemeinsamen Marktes, ein Familienroman« und die »Allseitige Beschreibung der Welt zur Heimkehr des Menschen in eine schönere Zukunft«. Inzwischen war ich mit Brigitte von Sulzbach nach Dudweiler gezogen, in den Nachbarort, aber mit der Neigung zur schöneren Zukunft im Herzen zieht es uns wieder nach Sulzbach zurück, auf die Goldene Au, die unmittelbar vor den Pforten des Paradieses liegt.

»Es gibt gotische und es gibt byzantinische Halluzinationen«, sagt Ionesco, und wieder zeigt es sich, daß der Mensch nur bis zwei zu zählen braucht. »Alle ding zwifach allein die Lieb einfach«, sagt auch der saarländische Barockdichter Theobald Hock aus Limbach, nämlich zweimal am Tag essen und trinken, zweimal die Hände waschen und das Wasser abschlagen, zweimal schlafen und zweimal buhlen, nur die Liebe ist unteilbar. Theobald Hock sagt es in seinem Gedichtbuch »Schönes Blumenfeld«, das im Jahre 1601 erschien. Die Blumen sind über die Goldene Au gestreut, sie wachsen in den Vorgärten und blühen bis in den Hirschbacher Wald hinein. Ein Riesenwachstum hebt an, ein pflanzlicher Gigantismus, es breitet sich ein antizivilisatorischer Affekt aus, ein Hauch von Rousseau, dessen Leben und dessen Gedanken im Kopf ich zu beschreiben begonnen habe. Ich erinnere mich an einen Science Fiction-Film, in dem die Menschen zu Bohnen wurden, ich denke an den Sulzbacher Gärtner Zerwas, der das Buch schreiben wollte, das endlich die rätselhafte Verbindung zwischen Pflanze, Tier und Mensch erklären sollte, der aber kurz vor seinem Tod zu mir sagte, man habe nicht mehr die Ausgiebigkeit des Sortierens. Und ich entsinne mich des Kölner Bankräubers Vicenik, der auf der Höhe über St. Wendel erschossen wurde und dessen Grab heute noch Berge von Blumen aus saarländischen Gärten bedecken: vielleicht werden wir gar nicht zu Fischen, wie Harry Valérien es vermutet hat, vielleicht werden wir uns alle in Pflanzen verwandeln.

Dann werde ich mit Brigitte auf der Goldenen Au sitzen, auf der Bank hinter dem Haus, und wir werden Wurzeln schlagen wie Philemon und Baucis und brauchen uns nicht mehr zu bewegen und keinen Schritt mehr auseinander zu gehen. Dort werden wir festwachsen, und ich werde dann wohl alle Sorgen um meine Füße los sein, die Frau Margot mir geweissagt hat. Denn die Füße werden sich in Wurzeln verwandelt haben, und endlich wird Goethes Wort Wirklichkeit geworden sein: »Die beste Freude ist Wohnen in sich selbst.«

(Ich gehe von Land und Leuten aus. Es ist das Land an der Saar, und es sind die Leute, die hier wohnen. Ihre Anschauung vom Leben und von der Welt ist einfach, sie haben keine gigantischen Gelüste, ihr Traum ist das Wohlbefinden. »Ursprung und Wurzel alles Guten ist das Wohlbefinden des Magens«, sagt Epikur; vielleicht hat er es von einem Saarländer gehört, den er, als er dort lehrte, in Kleinasien traf. Ich denke an Brigitte, die die Spargeln von der Spitze her ißt und zuerst den besten Wein ausschenkt, wie der Speisemeister von Kana. Es gibt niemanden unter der Sonne, der dieses saarländische Wohlbefinden so geduldig und so klug erarbeitet wie Brigitte.)

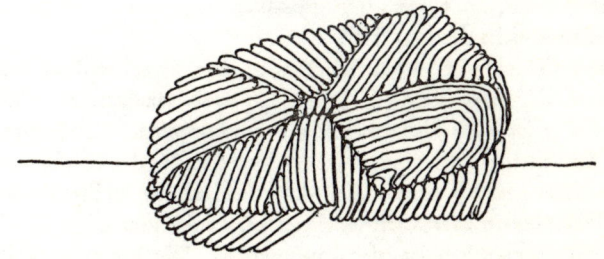

Die Harmonie der Widersprüche
Eine kleine saarländische Sprachkunde

I

Als der heilige Hieronymus in der Mitte des 4. Jahrhunderts ins Saarland kam, da stellte er voller Verblüffung fest, daß die Sprache der Treverer der der Galater ähnlich war. Ex oriente lux, sagt man zwar, aber wer weiß, ob nicht Troubadix und Miraculix ins Kleinasiatische vorgedrungen waren, um dort die keltische Harmonie der Widersprüche zu lehren. Die Vorfahren der Saarländer waren die Kelten. Der Grieche Strabo sagte, sie seien wankelmütig und prahlerisch, und der Römer Cäsar berichtet, ihnen habe es weder an Gemütsbewegung noch an Worten gefehlt. Ein saarländischer Grammatiker legt diese Wankelmütigkeit als Unentschlossenheit im gerechten Denken und diese Prahlerei als kritischen Spott aus. Zutreffender, aber vor allem postiver kann man den Volkscharakter nicht deuten.

Wer (heute noch) vom Saarländer sagt, er sei mal so, mal anders, der sagt nicht die Wahrheit. Der Saarländer ist nie so und er ist nie anders, sondern er ist immer die Versöhnung des So- und Andersseins gewesen. Der Saarländer ist ein harmonischer Mensch. Schon an anderer Stelle habe ich ihn als den vollkommenen Menschen beschrieben, dank einer Eigenschaft, die ihm wesentlich ist, der Lummerkeit. Die lummere Vollkommenheit des Saarländers ist ganz von dieser Welt, es ist nicht die apollinische Schönheit, es ist auch nicht die aristotelische Güte, aber es ist die hiesige Rundheit, die ihn kennzeichnet. Der Saarländer ist hiesig, und er ist rund.

Als der Lehrer fragte: »Quel âge as-tu?« sagte die kleine Saarländerin: »Ei, e gudder, scheener, runder.« Das Gute, das Schöne und das Runde sind die saarländischen Attribute und Qualitäten. Aber nicht nur ein saarländischer Hintern, auch ein saarländischer Kopf und eine saarländische Brust sind gut, schön und rund, und vor allem die Gedanken in einem saarländischen Kopf und die Gefühle in einer saarländischen Brust sind von besonderer Güte, Schönheit und Rundung.

Ebenwert und Gleichgewicht, Langmut und Gemütstiefe, olympische Ruhe und Engelsgeduld: das sind die Kategorien aus Güte, Schönheit und Rundung. Der Saarländer schafft keine Bedrohung von rechts und keine von links, keine von oben und keine von unten, keine von hinten und keine von vorn. Er ist vollkommen ausgewogen. Die Ausgewogenheit ist sein Teil und auch seine Mission für die übrige Welt, denn die Ausgewogenheit gibt Trost und Vertrauen, »das Geheichnis«, wie der Saarländer sagt. Hier herrscht die Parität und die Konformität, die Kompensation und die Nivellierung. Eins entspricht dem anderen, eins stimmt mit dem anderen überein, eins läuft aufs andere hinaus. Der Saarländer sagt: »Mir sinn quitt.«

Die saarländische Ausgewogenheit ist quasi die Harmonie der nichtausgetragenen Widersprüche. Sie hat es zu einem politischen Patt kommen lassen, wie es ausgewogener nicht mehr denkbar ist. Die politische Ausgewogenheit ist so vollkommen, daß niemand darauf verfällt, die Harmonie dieses Gleichgewichts jemals wieder zu stören. Selbst die Ausgewogenheit in den Programmen des Saarländischen Rundfunks ist die mediale Entsprechung des Thomas von Aquin'schen »concursus oppositorum«. Der Intendant sieht die saarländische Assimilierungsfähigkeit zwischen »konservativen Sklerotikern und progressiven Hysterikern« als seine ausgesprochene Mission an. Hier ist alles, auf die Sache bezogen, »gehubbst wie geschbrung«, hier ist, auf die Person bezogen, »Maus wie Muder«. »Ei jo«, sagt der Saarländer, »ei nä«.

Alles das muß man wissen, wenn man die Sprache des Saarländers verstehen will, dieses runde Idiom der Hiesigen. Es gibt »alde Hiesische, Hiesische unn Hergeloffne«. Die alten Hiesigen sind immer schon dagewesen, die Hiesigen sind schon lange hier, und die Hergelaufenen sind die »ausm Reich«, das heißt alle, die jenseits von Rhein und Mosel geboren sind, etwa die preußischen Beamten, von denen die Saarländer sagten: »Goldne Tresse, awer nix ze fresse«. Die alten Hiesigen sprechen ihre Stadt-, ihre Orts-, ja ihre Ortsteildialekte, die Hiesigen entweder ihr Rhein- oder Moselfränkisch, aber oft schon abgeschliffen und integriert, die Hergelaufenen »Hochdeitsch mit Streife«.

Quer durch das Saarland, vom lothringischen Creutzwald über Völklingen, Quierschied, Urexweiler nach St. Wendel verläuft eine Sprachgrenze, die dat/das-Linie. Im Moselfränkischen heißt es »dat«, im Rheinfränkischen »das«, dort sagt man »eich unn dau«, hier sagt man »ich unn du«, dort »haut«, hier »heit«, der Bube ist »de Bou« oder »de Bu«, gehört heißt »gehort« oder »geheert«, kaufen heißt »käfen« oder »kaafe«, der Vogel »Vul« oder »Vochel«, der Topf »Deppen« oder »Hawe«, die Jacke »Motzen« oder »Jubbe«, und nichts ist »neischt« oder »nix«. Dabei spielt die Schärfung eine große Rolle. Dieser scharfe Druck auf die Vokale, der den rheinischen Akzent, diese singende Melodienführung, ausmacht, verliert sich im Rheinfränkischen, wo dann allerdings die alemannischen Eindringlinge das »sch« in »bischt« und »Bruscht« gebracht haben, und schon an der Grenze, im krummen Elsaß, sagt man »rus« anstatt »raus«, »Ise« anstatt »Eise« und »Lit« anstatt »Leit«.

Diese Mundartlinien fallen nicht mit den alten Stammes-, sondern mit den späteren Hoheitsgrenzen zusammen; die dat/das-Linie ist die alte Grenze zwischen dem Erzstift Trier und der Grafschaft Nassau-Saarbrücken. Einen »sprachlichen Vibrationsraum« nennt der eine Volkskundler dieses saarländische Sprachgebiet, und man denkt an das rege Hin und Her in den alten Wanderzeiten, aber dann sagt ein anderer, es unterliege keinem Zweifel, »daß die Sprachgrenzen zum größten Teil in Verkehrshindernissen« zu suchen seien, »mögen sie politischer, kirchlicher oder physikalischer Natur sein«. Der

Saarländer versetzt sich in diesen Widerspruch, er umgeht das Verkehrshindernis, das kirchlicher Natur ist, er genießt die Vibration, er löst die Thesen auf und sagt, immer gedoppelt: »Bruch unn Dalles«, »zu Huddel unn Fetze«, »druff unn dewidder«, »trungge unn dirmelich«, »rumbs unn stumbs«, »geberscht unn gestrählt«. Er sagt: »Vill Käpp, vill Sinn, vill Ärsch, vill Winn.«

Charakteristischer als die Lautbesonderheiten sind die grammatischen Eigentümlichkeiten. Der Saarländer ist Nominalist, seine Begriffe sind subjektive Bewußtseinsgebilde, oft schöne Namen. Was ist »Dibbelabbes«? fragt ein Fremder. Der Saarländer antwortet: »Dibbelabbes iss Schales«, was allerdings auch nicht dasselbe, aber eine schöne Gleichsetzung ist. Der Saarländer ist empirisch gestützt, er steht im Mittelpunkt der sinnlichen Erfahrung, und daraus zieht er seine Erkenntnis. Er sagt »mir« statt »wir«, er sagt »bei« statt »zu«, er sagt »geben« statt »werden«, noch seine Leideform wendet er ins Positive. Er sagt: »Mir gehn bei mei Tante. Dort gebbt e Fescht gefeiert. Es Klän gebbt gedaaft. Du gebbscht ingelaad. E Sau gebbt geschlacht. Die Kisch gebbt gebutzt. Die Wäsch gebbt gebischelt. Die Stubb gebbt geschmiggt. De Disch gebbt gedeggt. De Kaffee gebbt gekocht. De Wein gebbt ausm Keller geholl, unn dann gebbt e ahnstännischer druffgemach. Esse unn dringge halt Leib unn Seel sesamme.«

Die positive Art des Saarländers ist so hiesig und ist so aktiv, daß er nicht »nehmen«, sondern »holen«, daß er nicht »einschenken«, sondern »ausschenken« sagt. Er sagt: »Holle eier Gläser in die Hand, jetz krier'er noch äner ausgeschenkt.« Der Saarländer, als harmonischer Hiesiger, ist immer nahe am Ziel. Daran ist er leicht zu erkennen. Er sagt: »Hemm«, und er sagt: »Schloofe«. Er sagt: »Ich sinn mied, ich gehn hemm schloofe.« Der Saarländer geht am liebsten heim schlafen. Er geht nicht nach Hause, er geht heim. »Hat er sich erfaßt und das Seine ohne Entäußerung und Entfremdung in realer Demokratie begründet, so entsteht in der Welt etwas, das allen in die Kindheit scheint und worin noch niemand war: Heimat.« Das sagt Ernst Bloch, ein Nachbar aus der Pfalz, vom zukünftigen Menschen.

Nach dem Fest sagt der Saarländer: »Ich hann kämmeh Geld.« Er sagt es gallisch-galatisch, in gleicher Inversion wie der kymmerische Mensch in Wales, der von der geliebten Frau sagt: »Es ist die meiste Frau, die ich liebe.« So sind auch der Saarländer und der Kymmerer die einzigen, die das alte indogermanische »wifmon«, das Weibsmensch, bei sich behalten haben. Er tut eben nicht wie die anderen. Er kennt keinen Genetiv, keinen Umlaut, keinen Ablaut, aber er kennt die Verwendung mehrerer Bindewörter auf einmal. Er sagt: »Mir komme eich net ehr besuche, als bis daß ihr zeerscht bei uns ware.« Ja, die Bindewörter, ja, die fehlende Leideform! Statt der Vorsilbe »zer« sagt der Saarländer »ver«, statt »ver« sagt er »ge«, statt »ge« sagt er wieder »ver«. Er verbricht sich seinen Kopf, dann hat er sich geheiratet, und am Ende hat man ihn verscholten. Die Hiesigen verstehen, was gemeint ist, die Hergelaufenen aber sind verwirrt, sie sind »worres«.

Ein Lob den hiesigen und auch den hergelaufenen Sprach-, Konsum- und Verhaltensforschern! Sie haben nicht nur die Sprache, sie haben auch untersucht, wie der Pfälzer, wie der Lothringer, wie der Luxemburger den Saarländer, und schließlich wie der Saarländer sich selber sieht. Sie haben den Ostwind und den Westwind über das Land wehen lassen, die »Ewerluft« und die »Unnerluft«, wie der Saarländer sagt, und zwar nach allen Seiten, und sie haben dabei herausgefunden, daß der Saarländer sowohl die Oberluft als auch die Unterluft auf seine Mühlen leitet.

Strabo und Cäsar hatten recht, sie hätten nicht gleich Windbeutel und Prahlhans zu sagen brauchen. Gerhard Schmidt-Henkel sagt, der Saarländer habe einen positiven Zuständigkeitswahn; der Leiter der Planungsabteilung in der Staatskanzlei beschreibt ihn, indem er den Saarländer zu Recht von sich selbst sagen läßt: »Tue Gutes und rede viel darüber.«

Ich bin in Sulzbach geboren und wohne in Dudweiler, das erst kürzlich dem Stadtverband Saarbrücken eingemeindet worden ist. Dieser Satz klingt ganz nüchtern, und er scheint nur einen Tatbestand festzuhalten. Aber weit gefehlt, ein Sulzbacher in Dudweiler, der jetzt Saarbrücker ist, diese Tatsache ist in Wirklichkeit eine bodenlose Irrealität, und sie weckt die Leidenschaften. Ich bin Saarbrücker, obwohl ich eigentlich Dudweilerer sein sollte, am liebsten aber für alle meine Tage Sulzbacher geblieben wäre. Das ist die Lage. Wer sich jemals in seinem Leben Gedanken über örtliche Eigenheiten und regionale Rivalitäten gemacht hat, der weiß, wovon ich spreche. Ein Sulzbacher in Dudweiler, das ist eine Herausforderung.

Es gibt Fremde, die sich nach Dudweiler hingezogen fühlen, wie Theodor Heuss, unseren ersten Bundespräsidenten. Aber es gibt auch Menschen, denen es wie mir ergeht, wie Frau Chow Chung-Cheng, der Enkelin des letzten Vizekaisers von China. Theodor Heuss schrieb ins Goldene Buch von Dudweiler: »Die Begrüßung durch meinen Vetter Gümbel zeigte mir gleich, daß ich hier in dem Bezirk weilte, dem die mütterliche Familie zugehört.« Aber Frau Chow Chung-Cheng schrieb: »Ich hebe mein Haupt/ und schau in den leuchtenden Mond,/ ich senke mein Haupt/ und denk an mein Heimatland.« Nun liegt Dudweiler nur eine halbe Stunde Weges von Sulzbach entfernt, aber der Dudweilerer Mond scheint ein ganz anderer Stern zu sein als der, der über Sulzbach scheint. Die Sulzbacher sehen nämlich den »Mann«, und die Dudweilerer sehen den »Monn« im Mond.

Der fundamentale Unterschied zwischen Sulzbachern und Dudweilerern ist die starke vokalische Verdunkelung. Ein Sulzbacher in Dudweiler, das ist folglich eine vokalische Herausforderung, und zwar die Herausforderung der Helligkeit durch das Dunkel. Der Sulzbacher in Dudweiler ist in all seiner Helligkeit nicht eine Herausforderung für den Dudweilerer, der ja daheimgeblieben ist in seinem Dunkel, sondern diese Herausforderung ist eine Herausforderung für ihn selbst, in der Finsternis der Fremde, im Dunkel des Elends das Licht nicht verlöschen zu lassen, das ihm aufgetragen worden ist. Der Sulzbacher muß hier in Dudweiler sein, und dieses Hiersein an sich ist die Herausforderung. Professor Angelloz, der Rilkeforscher, schrieb ins Goldene Buch: »Hiersein ist herrlich!« aber kein Dudweilerer geht jemals soweit, ihm diesen demonstrativen Rilkesatz zu glauben.

Ich habe meine Kindheit in Sulzbach auf Liebergallshaus verbracht, in der Schlachthofstraße, im Hause meines Großvaters. Hinter den Gärten lag das Schlachthaus, wo die Kühe und die Schafe geschlachtet wurden, die »Kih« und die »Schofe«, da lag der Schlammweiher, worin es Kaulquappen und Kröten gab, »Mollekäpp« und »Krodde«, und dahinter lag die Berghalde der Grube Hirschbach, der »Schutt«. Am Schlammweiher wuchsen Holunder und Heckenrosen, »Holler« und »Arschkratzer«, und an der Halde gediehen Birken und Ginster, »Birge« und »Bremme«. Die einheimischen Bergleute von der Grube Hirschbach waren die »Kumbäre«, die compères, die Kumpel aus dem Ill- und Köllertal im derben Schuhzeug waren die »Hattfießer«, die Holzarbeiter aus dem Hochwald waren die »Knubbespaller«. Sie gingen in die »Menage« zum Essen und ins »Schlofhaus« zum Schlafen, und am Wochenende stiegen sie die Bergmannspfade in den Fischbacher oder in den Sulzbacher Wald hinauf und gingen nach Hause zu ihren Familien, »hemm bei die Mamme«.

Diese Schlammweiher-Welt zwischen Schlachthaus und Berghalde stellt den Operationsraum meiner Kindheit dar. Seine äußere Begrenzung war zugleich die Banngrenze zwischen Sulzbach und Dudweiler. Auf der anderen Seite der Berghalde wohnten schon die Dudweilerer, das waren Menschen mit einer ganz anderen Sprache, die sagten nicht »danze« sondern »donze«, nicht »Damp« sondern »Domp«, nicht »Mann« sondern »Monn«, die sagten nicht »Name« sondern »Nome«, nicht »Fahne« sondern »Fohne«, nicht »Bahn« sondern »Bohn«, die sagten auch nicht »Baam« sondern »Boom«, nicht »Draam« sondern »Droom«, nicht »Saam« sondern »Soom«.

Diese Menschen sagten, dunkel und gefahrdrohend: »De Monn mit de long Stong«, und immer wieder fürchteten wir als Kinder, daß diese finsteren und gefährlichen Menschen ihren eigenen Operationsraum ausdehnen würden, um mit ihren langen Stangen und ihrer fremden Sprache in unser Bewegungsgebiet einzudringen. Das geschah auch hin und wieder, und ich erinnere mich eines Tages, als hinter dem »Schutt« sechs Jungen auftauchten, und ich wußte sogleich, es würde eine lebensentscheidende Auseinandersetzung geben. Es waren nämlich die »Flitscher«, Dudweilerer Jungen von der »Flitsch«. Nun muß man wissen, was bei uns in Sulzbach die Hirschbach ist und Liebergallshaus, das ist in Dudweiler die Rehbach und die Flitsch, es ist gefährdetes Grenzland.

Hier treffen zwei kleinste Mundartlandschaften aufeinander, die Mundartlinie verläuft über die Berghalde; über den Berg wohnen zwar auch Leute, aber sie haben ein eigenes Idiotikon. Irgendwann gab es diese trennenden Lautprozesse, es gab Monophthongierungen und Diphthongierungen, Vokalismen und Konsonantismen stießen sich in diesen Räumen, vor lauter Kontaminationen und Adoptionen, vor lauter Überlagerungen, Überschneidungen, Überkreuzungen, vor lauter Wucherungen und Mischungen geschahen verhängnisvolle Mutabilitäten. In Dudweiler zeigten sich noch lange die alemannischen Einflüsse in der Behandlung der westgermanischen i- und u-Laute, die die gemeindeutsche Diphthongierung nicht mitgemacht hatten. Weiß der Himmel, auf dem Büchel gab es Menschen, die sprachen fast wie die krummen Elsässer.

Der schlimmste Feind der Mundart aber ist die Industrie. Zum Glück ist der Bergbau ein Handwerk, und die Bergleute brauchen keine Industriearbeiter zu sein. So sprechen die Arbeiter und die Kleinbürger ihre Mundart, während von den

Geschäftsleuten und von den besseren Arbeitern die Hoch-
sprache droht. Aber diese saarländische Hochsprache hat es nie
zur ehrbaren Schriftform gebracht, sie ist eine abgeschliffene
Umgangsmundart mit schriftsprachlichen Streifen geblieben.
Der Grammatiker Kuntze spricht bezeichnenderweise von der
Spaltpilzmundart Saarbrückens.

In der städtischen Agglomeration sind auch die Mundart-
verschiedenheiten zum Ausgleich gekommen. In Saarbrücken
hat sich die Harmonie der Widersprüche angebahnt, aber
diese eigenartige Zwischensprache der mittleren Beamten und
der sozial Ehrgeizigen hat uns Kinder nicht wissen lassen,
wohin diese Menschen gehörten. Auf Liebergallshaus gab es
einen Jungen, der sagte nicht »Stroß«, sondern »Straß«, und
wir dachten oft darüber nach, ob er vielleicht nicht ein von
außerhalb angeheuerter Spion der Flitscher war. Er trug eine
ungebräuchliche Ledermütze, er roch nach Pfefferminze und
war größer und dicker als wir. Er hieß Kamuffel, und wir
hörten, wie seine Mutter sagte: »Ich geh einkaufe« anstatt
»Ich gehn inkaafe«.

Diese zweite Übergangsstufe ist die Alltagssprache des hiesigen Gebildeten, aber die auffällige Unsicherheit im Vokalis-
mus und Konsonantismus ist für ihn kein Hinderungsgrund,
seine Sprache kunstvoll zu stilisieren. Zuerst klingt es ganz
hochsprachlich: »Gawel« und »Nawel« werden zu »Gabel«
und »Nabel«, »Lädder« und »Fädder« zu »Leder« und »Feder«, »Geschärr« wird zu »Geschirr«, »Kärsch« zu »Kirsch«,
»Schärm« zu »Schirm«, »Säl« zu »Seil«, »nä« zu »nein«, »jo«
wird zu »ja«, »do« zu »da«, »nei« zu »neu« und »heit« zu
»heut«. Der Monophthong wird zum Diphthong, und damit
ist die mundartliche Katastrophe geschehen.

Anstatt »Baam« oder »Boom« sagt der einheimische Gebil-
dete mit einemmale »Baum«, und dieser abrupte Bruch, diese
verräterische Umkehr, diese dramatische Schicksalswende ent-
scheidet über das fürdere Leben des Alteingesessenen. Er
braucht fortan nicht mehr in Dudweiler oder in Sulzbach zu

bleiben, wenn er ein Dudweilerer oder ein Sulzbacher gewesen ist; er kann ohne Schaden nach Saarbrücken ziehen, wo dieses verdorbene Idiotikon gilt. Nun sagt er nicht mehr »Korscht« sondern »Kruscht«, nicht mehr »Peffer« sondern »Feffer«, nicht mehr »Pund« sondern »Fund«, nicht mehr »klope« sondern »klopfe«, er trinkt nicht mehr »e Troppe« sondern »e Tropfe«. Er steigert seine Sprache ins Überhochdeutsche und betätigt sich als Wortbildungsfex. Dieses »gebüldete« Überhochdeutsch ist unsere hiesige Supersprache, es kennt anstelle gewisser i-Laute das ü – als eine verhängnisvolle Verwechslung, weil hierzulande alle ü-Laute als i ausgesprochen werden. Der saarländische Übergebildete sagt »Feffermünz«.

Kamuffel, dieses »Pefferminzgutzje« in der Ledermütze, hatte uns beide, meinen Bruder und mich, an die Flitscher verraten, es konnte nicht anders gewesen sein, denn die sechs Kerle, die hinter dem »Schutt« hervorkamen, trugen die lange Dudweiler Stange und den Flitzebogen, ihre angestammten örtlichen Waffen. Dazu muß man wissen, daß der Name der Flitsch vom Flitzebogen oder von der Fletsche hergeleitet ist; »auf der Flitsch, einem Kessel im langen Tale, konnten die herrschaftlichen Damen, als Teilnehmerinnen der Parforcejagden, an den waidwunden Tieren ihre Schleuderkraft messen«, schreibt Volksschuldirektor Brückner in seinem Buch über Dudweiler. Die Flitscher hatten es also schon zu Zeiten der Grafen von Saarbrücken mit der gefährlichen Fletsche zu tun, und noch zwei Jahrhunderte später mußten die Sulzbacher Knaben herhalten.

Da kamen sie also hinter dem »Schutt« hervor. Es waren die bekannten sechs Flitscher, ein ungeschickter Langer und ein gewandter Kleiner, ein zweiter Elefant im Porzellanladen und ein zweiter Giftschisser, schließlich ein ganz Jähzorniger und ein Tollpatsch, also ein »Flatschniggel« und ein »Freggert«, ein »Flabbes« und ein »Krebbert«, ein »Kribbelbisser« und ein »Tobert«. Mein Bruder und ich saßen friedlich am

Schlammweiher. Wir hockten unter einem Holunderbusch, mit dem Rücken an den Staketenzaun gelehnt, der heute noch da steht, und wir hörten zu, wie die Kröten quakten.

Ich habe als Handwerkerkind bis zu meinen Schuljahren keine anderen Laute als meine Mundart gehört. Meine Liebergallshauser Mundart ist weich und schön, sie hat alle Eigenschaften des lummeren Sulzbacher Wesens, und da kommen plötzlich finstere Dudweiler Menschen von der Flitsch, mit langen Stangen und Fletschen bewaffnet, sie rufen uns dunkle Dudweiler Wörter zu, und schon schwirren auch die Kieselsteine von ihren Schleudern. Es war der Tag, als mein Bruder von einem Stein an der Schläfe getroffen wurde, aber ich weiß nicht, was mich schlimmer traf: das Blut, das aus dieser brüderlichen Kopfwunde troff, oder diese dunklen Dudweiler Vokale.

Nun wohne ich seit dreizehn Jahren in Dudweiler, aber meine Angst ist längst nicht überwunden. Dudweiler ist immer eine Herausforderung geblieben. Jedesmal, wenn ich an »Schone Ecke« vorbeikomme, dort, wo die Sudstraße ins Rehbach- und Flitschviertel führt, dann schlägt mein Herz etwas heftiger, und erst, wenn ich den Gänseweiher und die Berghalde zu meiner Linken auftauchen sehe, dann weiß ich, daß ich gerettet bin. Aber immer wieder kehre ich nach Dudweiler zurück, und wenn ein Dudweilerer sagt: »Boom«, dann antworte ich: »Baam«, und beides klingt wirklich zusammen und ist darüber hinaus sogar ein dialektisches Beispiel für die gegenseitige Aufhebung von Finsternis und Licht, die Harmonie der Widersprüche.

3

Ich wohne in Dudweiler am Gehlenberg. Gleich hinter dem Haus führt ein Weg in den Wald. Der Wald ist licht unter den hohen Stämmen der Eichen und der Buchen, und er ist finster, wo das Unterholz sich ausbreitet und kein Farnkraut mehr wächst. In den Lichtungen des Hochwalds stehen die Rehe, und im Unterholz gibt es Wildschweine und einen Fuchs, der am frühen Morgen durch die Himbeerhecken streift. Es ist ein harmonischer Wald, und doch ist er voller Widersprüche. Wer weiß, ob die Gehlenberger nicht allesamt an das Märchen glauben, worin die Prinzen in eine Bergschlucht gerieten, und je weiter sie ritten, um so enger taten sich die Berge zusammen, und am Ende war der Weg so eng geworden, daß sie keinen Schritt mehr weiter tun konnten. Ja, die Gehlenberger glauben wohl an dieses Märchen, denn keiner von ihnen traut sich in den Wald, außer den Hergelaufenen, die nicht mehr anfällig für Märchen sind, und den Hiesigen, die ihre Hunde in den Wald führen, und Hunde sind ja bekanntlich nicht so ungelenk wie Pferde, die sich nicht mehr umwenden können, wenn der Weg zu schmal geworden ist.

Ganz oben auf dem Gipfel des Gehlenberges, unter alten, hohen Buchen zwischen Ebereschen und Brombeersträuchern, da liegen die Sulzbacher Wassertürme. Es sind zwei alte Gebäude aus der Jahrhundertwende, das eine ist ein Jahr älter als mein Vater, und das andere stammt aus dem Geburtsjahr meiner Mutter. Aber die beiden Gebäude, mit eisernen Toren und vergitterten Fenstern, sehen nicht aus wie Türme, sondern wie die Torhäuser des verwünschten Schlosses, in dem der jüngste Prinz das Wasser des Lebens gefunden hat. Ja, hier in Dudweiler auf dem Gehlenberg ist das Wasser des Lebens für die Sulzbacher gesammelt! Zwar liegen die Tortürme mitten im Gestrüpp, und auch Moos wächst auf den zerbrochenen Zinnen, aber der Prinz kann noch nicht lange in einem der Tore verschwunden sein, denn auf dem Weg liegen frisch gefallene Pferdeäpfel, die noch dampfen und duften.

»Besser e klään Hitt mit Schulde wie e Schloß voll lauter Gulde«, sagt der Dudweilerer, was der Sulzbacher nicht sagen würde. Und so geht der Dudweilerer schon gar nicht erst hinauf zu diesem verwünschten Schloß, während die Sulzbacher Schulkinder alljährlich auf den Gehlenberg steigen, damit sie sehen können, woher das Wasser ihres Lebens kommt. Der Dudweilerer bleibt auf dem Boden der Tatsachen, in der Gegenwart, aber der Sulzbacher ist immer auf dem Weg in die Vergangenheit, und er hängt absonderlichen Ideen nach. Die Dudweilerer feiern die Feste, wie sie fallen, die Sulzbacher trauern vergangenen Schützenfesten nach, und die feinen Saarbrücker, die etwas Besseres sind und noch höher hinaufwollen, denken an zukünftige Altstadtorgien und an Fußgängerzonen, in denen sogar die Künstler ihre Bacchanalien feiern dürfen. Oskar Lafontaine, der muntere Oberbürgermeister, steht auf dem St. Johanner Markt, klein, aber kregel, »e Schoppe Milch im bräde Häbsche«, die Feuerwehrkapelle intoniert »Mir sin Saarbrigger un spiele Kligger, mir stemme Blutworscht mit ääner Hand«, und Oskar Lafontaine singt: »Mir reiße Bääm aus, wo gar känn sin.« Ja, so sind die Saarbrücker, sie reißen Bäume aus, wo gar keine sind, und es ist kein Wunder, wenn sie bald nur noch auf dem Asphalt und dem Beton sitzen.

Die Dudweilerer, die die Feste feiern, wie sie fallen, sitzen dagegen im Wald, und ihr Wasser des Lebens ist das Bier. Der Wald ist für die Dudweilerer kein Märchenland mit verwünschten Wassertürmen und auch kein Bauerwartungsland, das auf Teufel komm raus kahl gerodet werden muß, nein, der Wald ist für die Dudweilerer der Ort, wo sie Tische und Bänke hinstellen, um in der freien Natur ihr Bier zu trinken.

Das scheint nun ein unauflöslicher Widerspruch zu sein, auf der einen Seite die Angst, sich im Gestrüpp des Märchens zu verirren, und auf der anderen Seite die realitätssinnige Kaltschnäuzigkeit der Dudweilerer, den Wald nur als Festplatz für sommerliche Biergärten anzusehen. Aber nein, wer genau hinsieht, der erkennt bald, daß die Feste der Dudweilerer allesamt am Waldrand stattfinden, und da besteht keine Gefahr, in unwegsame Abenteuer verstrickt zu werden. Der Dudweilerer findet die Harmonie der Widersprüche, er glaubt an das Märchen, und gerade deshalb bleibt er draußen in der

Welt und feiert die Feste, wie sie fallen. Der Dudweilerer feiert wie jedermann Ostern und Pfingsten, den Vatertag und die Kirmes, Weihnachten und Fastnacht. Ein saarländisches Schulkind schrieb: »Weihnachten ist ein schönes Fest, derf awwer an Fasenacht nit tippe«, und dieser Satz kennzeichnet auch den Dudweilerer Drang ins Freie. Der Dudweilerer feiert nämlich auch drei Sommerfeste im Freien, da gibt es Brüderlichkeit und Versöhnung, da vermählen sich die Gegensätze. Es gibt das Waldfest der Kulturgemeinde Pfaffenkopf am Gehlenberg, es gibt das Waldfest der »Liedertafel« in Pfarrers Dell, und es gibt, o holde Brüderlichkeit und Versöhnung, es gibt das Park- und Lichterfest der »Harmonie«.

Auf dem Pfaffenkopf staubt es unter den Bäumen, wenn die Dudweilerer das Tanzbein schwingen, auf der Wiese in Pfarrers Dell aber tanzt es sich weich wie auf Samt. Die Pfaffenkopfer haben bunte Lichterketten in die Bäume gehängt, die jungen Musikanten auf dem Podium blasen in ihre Trompeten, die jungen Mädchen heben ihre Röcke und springen über den Holzboden, und der Dirigent geht in die Knie, weil er lieber mittanzen als dirigieren möchte. Die Pfaffenkopfer haben ihre langen Stangen an die Bäume gestellt, und sie sind fröhlich, auch wenn sie finster und bedrohlich in die Runde blicken. Die jungen, dicken Pfaffenkopferinnen zünden ihre Zigarren an, es erklingt »Rosamunde«, und die Waldhörner schmelzen dahin. Zwischen den Stämmen fliegen die Leuchtkäfer, aus dem Wald duftet es nach Wildschwein und Fuchs, und die dunkle pfaffenkopfer Fröhlichkeit breitet sich über das ganze Land. An der Schießbude steht ein kleiner Junge, er schießt eine Rose und sagt zu seinem Vater: »Babbe, sischte, so macht ma das.« Den vornehmen Gehlenbergern aber ist es nicht fein genug unter den Bäumen, es ist zu laut und zu staubig, sie sitzen lieber auf ihren bunten Balkonen und schauen angstvoll in den Wald, wo die Pferde der Prinzen in der Bergschlucht eingeklemmt sind.

In Pfarrers Dell hat die »Liedertafel« ihr Festzelt aufgeschlagen. Es ist Sonntagnachmittag, die Sangesbrüder aus Herrensohr sind eingetroffen. Sie stehen auf dem Podium vor der goldenen Lyra, sie singen von der holden Wirtin und vom schönen Leben im Brauhaus. Becher reimt sich auf Zecher, und alle Welt ist gesund. Die Männer vom Roten Kreuz stehen da, sie essen eine Brezel, ja, so ist das Leben doppelt schön. Nun haben auch die Schaumbergtiroler Platz genommen, was für eine fröhliche Zuversicht strahlen sie aus in ihren grünen Westen! Sie spielen das Lied von des Försters Töchterlein Lore, und ganz hinten am Waldrand ächzt ein Eichelhäher, auch er stimmt in das Lied mit ein, welch schöne Harmonie von Mensch und Tier, o du glückliches Dudweiler!

Im Stadtpark feiert der Männerchor »Harmonie« seinen achtzigsten Geburtstag. Die Lichterkette aus den bunten elektrischen Birnen spiegeln sich im Wasser des Teichs, der Schwan zieht eine Silberspur durch die zitternden Reflexe, auf der Weinterrasse gibt es frische Brezeln. Heute abend ist Modenschau und morgen vormittag die Sonntagsmatinee. Andrea geht in einer roten Gabardinehose über den Laufsteg, und Marietta kommt im sommerlichen Trägerkleid. Anne Karin ist sogar aus Saarbrücken gekommen, sie hat ihre Gitarre mitgebracht und singt: »Sonne am Morgen.« Die Matinee ist eine musikalische Morgenandacht, so sagt es jedenfalls Peter Prinz, der Präsident der Karnevalsgesellschaft »Grüne Nelke«. Er nennt Mozart einen Musikerfürsten, wie es sich gehört, und er sagt würdevoll die Stücke an. Die Musiker stimmen ihre Instrumente, im Garten schreit der Pfau. Die Notenblätter flattern im Wind, nur mühsam von den Wäscheklammern festgehalten. Der Dirigent hebt den Taktstock, die Geiger stemmen ihre Violinen auf das Taschentuch im Jackenkragen, und herzergreifend tönt das Vorspiel durch die Linden und Kastanienbäume. »Dir, Seele des Weltalls!« singen die Männer, und laut rufen sie: »O Mäschtiger!« Im Biergarten sitzen die Nonnen vom St. Josefs-Krankenhaus, sie trinken Orangensaft und lauschen ergriffen den Motetten. Dann ist das Konzert zu

Ende, ein Junge überreicht der Solistin einen Tulpenstrauß in Zellophanpapier. Der hinterste Geiger legt sein Instrument auf das Podium, er greift nach einer Flasche Bier und sagt: »Trät ma kääner uff mei Gei druff.« Ja, das Grußwort von Hermann Schon, dem Bezirksbürgermeister, ist Wahrheit geworden. Hermann Schon, der Schirmherr, spricht von der »stillen Solidarität zwischen den Sängern«, wie hat er recht! Ja, die Harmonie der Widersprüche, diese Eintracht und dieser Gleichklang zwischen musizierenden Bergleuten und routinierten Professionellen, er tönt hinüber nach Sulzbach, wo die Märchentanten wohnen, und er tönt nach Saarbrücken, wo die Utopie gedeiht.

Die Saarbrücker mischen schon den Beton, aus dem sie die Blumenkübel für ihre Fußgängerzonen gießen, die Sulzbacher starren nach den alten Sandsteinquadern, aus denen ihre Vergangenheit gemauert ist. Die Dudweilerer aber, emsig und gegenwärtig, bauen an ihren Ortsteilen, hier so und dort wieder anders, jeder für sich und doch alle zusammen, auch wenn sie einverleibt sind in eine Großstadt, die sie gar nicht mögen. Was kümmert einen Dudweilerer, wenn die Saarbrücker quer und die Sulzbacher verkehrt herum im Bett liegen. Er sagt: »Un wenn de mit em Kopp om Fußenn schloofscht, krien dei Fieß doch kän Verstond.« Der Dudweilerer nimmt sein Geschick in die Hände, wer weiß, woher er den Mut nimmt, fröhlich trotzt er aller Unbill. Er steht da, seine Fröhlichkeit ist zwar eine dunkle und furchteinflößende Fröhlichkeit, vor der sich die Sulzbacher immer gefürchtet haben, er langt zu, und er sagt: »Was de da selwer machscht, das is besser wie alles Gekaafte.«

Und ich? Ich stehe auf meinem roten Balkon und schaue nach dem Gehlenberger Wald. Ich stehe am Küchenfenster und schaue nach Liebergallshaus. Vom Gehlenberger Wald kann ich nur den letzten Zipfel, und von Liebergallshaus kann ich kaum noch die ersten Häuser erblicken, aber ich weiß, es gibt eine unsichtbare Verbindung, die sie beide zusammenführt.

Diese unsichtbare Verbindung vereinigt das Trennende und versöhnt die Widersprüche. Es ist die Wasserleitung, die von den Gehlenberger Märchentürmen bis zu den Liebergallshauser Hydranten reicht, ja, die Wasserleitung, worin das Wasser des Sulzbacher Lebens fließt. Die Dudweilerer aber, ihre langen Stangen geschultert, gehen darüber hinweg, sie leben hier und sie leben heute, sie leben sogar, wenn auch finster und gefährlich, in der Selbstverständlichkeit der Harmonie.

Dies antiquarische Saarland
ist leider kein Siebzigerjahrland.
Deswegen betreibts
nach vorne! sonst bleibts
ein Spar- und Talar- und Altarland.

Die saarländische Freude
Einleitung für eine zukünftige Erziehungslehre

Vor einigen Jahren, in einem verräterischen Zusammenhang, sagte DER SPIEGEL vom Saarland, es sei das ärmste und das frömmste aller Bundesländer. In den letzten Wochen, und der Zusammenhang ist verräterischer als je zuvor, sagte der »stahlglänzende« Kanzler etwas ganz Ähnliches von den Ländern diesseits des Rheins und der Donau. Laut und aufdringlich tönen die Stimmen des SPIEGEL und des Kanzlers, wer hat sie nicht gehört? »Da kam 1933 jene Stimme ins Radio«, schreibt der saarländische Schriftsteller Gustav Regler, »ein schwer zu beschreibendes Zuviel an Ernst, ein Mangel an Charme, ein Übersehen der menschlichen Schwäche, ein Trampeln im Porzellanladen, ein Rechthaben und ein Unterstreichen des Rechthabens, die Tyrannei des Absoluten und die Verneinung des Spiels, die Einführung der Unfehlbarkeit und des Gehorsams um des Gehorsams willen, mit einem Wort: das Preußische.«

Das Zuviel an Ernst ist der Mangel an Heiterkeit, der Mangel an Charme ist das Zuviel an Schroffheit, das Übersehen der menschlichen Schwäche ist das Betonen der Stärke, wer im Porzellanladen trampelt, kennt nicht die Katzenpfote, wer auf sein Recht pocht, achtet nicht das Verzeihen, die Tyrannei des Absoluten steht der Nachgiebigkeit des Relativen gegenüber, die Einführung der Unfehlbarkeit und des Gehorsams um des Gehorsams willen ist der Einführung des Zweifels und der freien Entscheidung um der freien Entscheidung willen entgegengesetzt, die Verneinung des Spiels aber ist die unbeschränkte Bejahung der Leistung.

Der verräterische Zusammenhang ist die Kausalität. Das besagte *Spiegel*-Zitat lautet nämlich wörtlich: »Wo Deutschland am frömmsten und am ärmsten ist, sind seine Journalisten am lahmsten und am zahmsten – an der Saar.« Die

Frömmigkeit macht folglich lahm, und die Armut macht zahm, was ja nicht von der Hand zu weisen ist, aber demgegenüber folgen aus der Weltläufigkeit und dem Reichtum die Forschheit und das draufgängerische Wesen. Das Saarland ist der »zurückgebliebene Zwergstaat«, fromm und arm, lahm und zahm, das übrige Deutschland ist der fortschrittliche Riese, reich und weltläufig, forsch und draufgängerisch.

Der verräterische Zusammenhang ist schließlich auch das Qualifizieren. SPIEGEL und Kanzler hören sich so an, als seien Reichtum und Weltläufigkeit, als seien Forschheit und Draufgängertum erstrebenswerte, und als seien Frömmigkeit und Armut, als seien Lahmheit und Zahmheit verachtenswerte Güter. Der verräterische Zusammenhang ist zu guter Letzt die Alternative. Hier gibt es die Armut und die Frömmigkeit, und dort gibt es den Reichtum und den weltläufigen Sinn. Reichtum und weltläufiger Sinn sind mit Fleiß, Armut und Frömmigkeit aber sind mit Faulheit gepaart. Arm, aber sauber, sagt der Arme, reich, aber sparsam, sagt der Reiche von sich selbst. So sind die Armen und Sauberen die Verschwender, und die Reichen und Sparsamen sind die Unreinlichen. Aber weil es nicht nur die armen Luftikusse und die reichen Drecksäcke, sondern auch die armen Schmutzfinken und die reichen Hallodris gibt, gerät die Alternative, dieser verräterische Zusammenhang, unversehens in die Verlegenheit. Diese Verlegenheit ist der ethische Zugzwang. Jedermann wird zu der Entscheidung gezwungen, das eine oder das andere für wahr zu halten, und jedermann wird vor die Wahl gestellt, das eine oder das andere zu tun.

Die Reichen und Weltläufigen krempeln die Ärmel hoch, und sie setzen den Ernst und die Schroffheit, das Absolute und das Rechthaben, die Leistung und den Gehorsam, die Tyrannei und die Unfehlbarkeit forsch und draufgängerisch durch. Die Armen und Frommen dagegen schauen durch die Finger, sie verbreiten die Heiterkeit und den Charme, das Relative und das Verzeihen, das Spiel und die freie Entscheidung, die Nachgiebigkeit und den Zweifel, lahm und zahm. Die Reichen und Weltläufigen zeigen ihre Stärke, sie trampeln wie der Elefant im Porzellanladen. Die Armen und Frommen rechnen mit ihrer Schwäche, sie gehen wie die Katze um den heißen Brei. Und so erzieht eine Gesellschaft der Reichen und Weltläufigen ihre Kinder zum Übermut, das Körperteil ihres Totemtiers ist das Elefantenbein; eine Gesellschaft der Armen und Frommen dagegen erzieht ihre Kinder zur Besonnenheit, das Körperteil ihres Totemtiers ist die Katzenpfote. Aus dem Ernst und der Schroffheit der Reichen und Weltläufigen aber erwächst der Griesgram, in der Heiterkeit und dem Charme der Armen und Frommen dagegen gedeiht die Freude.

Aber schon an dieser Stelle zeigt sich deutlich, daß es die Kausalität, das Qualifizieren und die Alternative nur so aussehen lassen, als stünden auf der einen Seite die Armut und die Freude, und auf der anderen der Reichtum und der Griesgram, und als gehörten Armut und Freude sowie Reichtum und Griesgram unzertrennlich zusammen. Es stellt sich nämlich auch bald heraus, daß man sich nicht gleich die Hacken ablaufen und mit dem Kopf durch die Wand rennen muß, um es zu Reichtum und zu Weltläufigkeit zu bringen, und daß also das Lahme und das Zahme eigentlich das Beharrliche und das Sanfte ist. Und umgekehrt wird es allmählich klar, daß man nicht in der Ecke sitzen und den Kopf in den Sack stecken muß, um arm und fromm zu werden, und daß das Forsche und das Draufgängerische eigentlich das Blindwütige und das Grobschlächtige ist. Blindwütige und Grobschlächtige trampeln nämlich im Porzellanladen, laufen sich die Hacken ab und rennen mit dem Kopf durch die Wand, während die Beharrlichen und die Sanften nicht einfach nur um den heißen Brei schleichen, in der Ecke sitzen und den Kopf in den Sack stecken.

Ja, mit einem Male entstehen zwischen Reichtum und Armut, zwischen Weltläufigkeit und Frömmigkeit, zwischen dem Forschen und dem Lahmen, zwischen dem Draufgängerischen und dem Zahmen, ja entstehen zwischen der Freude und dem Griesgram ganz andere Zusammenhänge als die der Kausalität, des Qualifizierens und der Alternative. Es entstehen Zusammenhänge, die gar nicht mit Ursachen und Wirkungen, mit Prämissen und Schlüssen, mit Urteilen und Entscheidungen erklärt werden können, es entstehen Zusammenhänge, in denen sich Widersprüche zeigen, die gar nicht aufgehoben zu werden brauchen, Widersinnigkeiten, die die Wirklichkeit der Welt viel besser erklären als das Einmaleins. Wie war das mit den Armen und den Frommen, die zugleich die Lahmen und die Zahmen waren? DER SPIEGEL meinte die saarländischen Journalisten, doch er wußte auch von zwei Ausnahmen zu berichten, einem Saarkorrespondenten von AP und einem Saarkorrespondenten von UPI. Aber der AP-Korrespondent ist kein heidnischer Weltläufiger, es ist Wolfgang Rahner vom evangelischen »Sonntagsgruß«, und auch der UPI-Verbindungsmann ist kein gottloser Draufgänger, es ist Muhammad Abdullah, und er ist Moslem. Ja, es waltet in diesen Zusammenhängen eine ganz vertrackte Dialektik.

Da stehen nun DER SPIEGEL und der Kanzler mit ihren lauten und aufdringlichen deutschen Wörtern und haben Zusammenhänge erklärt. Aber o weh, die Welt ist ja ganz anders beschaffen, und die deutschen Wörter erklären gar nicht so viel. Atomzeitalter heißt das eine, und unverzichtbare Leistung heißt das andere deutsche Wort. Aber seht doch einmal die kugeligen Atome an, diese Gebilde der Rundheit, seht, wie sie sich zusammenballen und wieder auflösen! Und seht, wie sich Hermes und Aphrodite in den Intermundien tummeln, da sitzen sie, ewig und selig, sie schauen in den leeren Raum und kümmern sich um nichts als um ihre eigene Ewigkeit und Seligkeit.

Gut, die Menschen sind nicht Hermes und Aphrodite, ihre Seele besteht aus den allerfeinsten, den allerrundlichsten, ja den allerbeweglichsten Atomen, und alle ihre Wahrnehmung und Erkenntnis ist Atombewegung, kein fortwährender Atomwirbel zwar, sondern dauernder senkrechter Fall. Ja, es geht immer abwärts mit der Wahrnehmung, und es geht auch immer mehr bergab mit der Erkenntnis, da hilft kein Ernst und keine Stärke, da bleiben das Absolute und die Unfehlbarkeit ohne Wirkung, und auch das Rechthaben und das Elefantenbein stehen auf verlorenem Posten. Für alle Gehorsamen geht es abwärts im freien Fall, nur für die heitere und charmante Seite, die Seite der Nachgiebigkeit und des Relativen, die Seite des Zweifels und der freien Entscheidung geht es wieder aufwärts, dort steht alles auf dem Kopf, wie sichs gehört, und die Gravitation wirkt von unten. Wenn Husserl sagt: »Würden alle gravierenden Massen verschwinden, so wäre damit nicht das Gravitationsgesetz aufgehoben, sondern würde einfach ohne mögliche Anwendung weiter bestehen«, dann folgert Camus daraus, daß er es mit einer tröstlichen Metaphysik zu tun hat. Mögliche Anwendung, ja Vorgänge sind gar nicht notwendig, wozu sollte sich der Mensch in Geschäftigkeit und sinnloser Arbeit erschöpfen und auf die Freude verzichten müssen?

So komme ich zwangsläufig auf den Saarländer zurück. In einer Sendung der Sendereihe *Dialog* der Europawelle Saar und in einer Untersuchung des Instituts für Konsum- und Verhaltensforschung der Universität des Saarlandes wurden zwei wesentliche Eigenschaften des Saarländers zutage gefördert, einmal hieß es: »Der Saarländer nimmt es mit der Arbeit nicht so ganz genau«, und zum anderen hieß es: »Auswärts hat der Saarländer immer Heimweh«. Aber die genaueste Beschreibung, die eigentlich eine Folge vorausgegangener Einzel- und Detailbeschreibungen sein müßte, ist geradezu ein abenteuerliches Apriori, es heißt: »Zuerst ist der Saarländer mal fröhlich.«

Die Fröhlichkeit ist also kein Ergebnis, sondern sie ist die Voraussetzung des rechten Lebens, und die mangelnde Pingeligkeit sowie die entschlossene Heimkehr als Ziele dieses rechten Lebens sind ihre Folgen. Der Mensch muß von Natur aus fröhlich sein, damit er in die Freude heimkehren kann. Schickt man sich nun an, diese Zusammenhänge außerhalb der bekannten Kausalitäten, Qualifizierungen und Alternativen zu betrachten, dann ändern sich unversehens die verräterischen Urteile. Dann ist die Armut in Wirklichkeit nicht die Armut im landläufigen Sinn, der ökonomische Widerspruch des Reichtums, sondern sie ist die Mäßigkeit, die das Wohlbefinden begründet. Und dann ist auch die Frömmigkeit in Wirklichkeit nicht die Frömmigkeit in der altherkömmlichen Bedeutung, festes und blindes Gottvertrauen, sondern sie ist das Beisichsein, das das Wohlbefinden immer weiter fördert.

Dadurch, daß der Saarländer es mit der Arbeit nicht so ganz genau nimmt, wird er natürlich nicht reich, und dadurch, daß er auswärts immer Heimweh hat, kann er folglich nicht weltläufig werden. Es ist die Mäßigkeit und das Beisichsein, nicht die Armut und die Frömmigkeit, die dem Reichtum und der Weltläufigkeit entgegenstehen. Mäßigkeit und Beisichsein sind aber die Voraussetzungen zur Freude, wieviel Griesgram erzeugt dagegen das üppige Außersichsein! Während es der Arme mit den gleichen Mechanismen zu tun bekommt wie der Reiche, wo nämlich Schroffheit und Stärke, wo Tyrannei und Leistung, wo vor allem das Elefantenbein in Aktion tritt, und während der Fromme mit der gleichen Maschinerie rechnen muß wie der Weltläufige, wo nämlich der Ernst und die Rechthaberei, wo Unfehlbarkeit und Gehorsam, wo vor allem das Absolute herrscht, da gefallen sich die Mäßigen und die Heimgekehrten in Heiterkeit und Charme, in Nachgiebigkeit und Verzeihen, im Relativen und im Zweifel, in der freien Entscheidung und im Spiel, und mit sanfter Katzenpfote wehren sie dem preußischen Elefantenbein.

»Der Saarländer nimmt es mit der Arbeit nicht so ganz genau«, kein Wunder, daß er es nicht zum Reichtum bringt, aber dafür ist er mäßig, er ist bescheiden und braucht nicht rastlos zu sein wie die gestreßten Reichen. »Der Saarländer hat auswärts immer Heimweh«, kein Wunder, daß er es nicht zur Weltläufigkeit bringt, aber dafür ist er bei sich selbst und braucht nicht außer sich zu sein wie die entfremdeten Weltläufigen. Streß und Entfremdung heißen die zauberischen Wörter, die die Debatten bestimmen. Aber nur das Wohlbefinden, das sich einstellt, wenn es der Mensch mit der Arbeit nicht so genau nimmt und er deshalb nicht immer rastlos zu sein braucht, und das sich einstellt, wenn er auswärts immer Heimweh hat und er deshalb lieber schon gar nicht in die Fremde geht, führt zur wahren Freude.

Die Mäßigkeit, die nicht Armut, und das Beisichsein, das nicht Frömmigkeit ist, sind die Attribute Epikurs. Der Saarländer, der es mit der Arbeit nicht so ganz genau nimmt und auswärts immer Heimweh hat, bevorzugt infolgedessen das Spiel und die lustvolle Geborgenheit. Seht her, wie diese epikuräischen Menschen spielen, und wie sie sich lustvoll geborgen fühlen! Das fängt schon bei ihren Kindern an, und so ist die saarländische Erziehung und Bildung eine Erziehung und Bildung zur Freude. Am Anfang dieser Erziehung steht die Frage, die Platon im »Gorgias« gestellt hat, und die lautet: »Wie soll der Mensch leben?« Am Ende aber steht die Antwort, die er selbst, zwar erst als alter Mann, aber noch zur rechten Zeit gegeben hat: »Der Mensch ist eine Marionettenpuppe, und das ist das beste an ihm. Diesem unserem Wesen müssen wir immer folgen, die allerschönsten Spiele spielen, jeder, Mann und Weib, und so unser Leben verbringen«. Nun sind es aber nicht, wie zu Platons Zeiten, Hermes und Aphrodite, die hinter diesem Kasperletheater sitzen und die Marionettenpuppen an der Strippe halten, nein, es sind die Menschen selber, die sich gegenseitig an die Kandare nehmen, je nachdem, wer gerade das Zaumzeug in der Hand oder im Maule trägt. Und wer es im Maul hat, dem hilft das Absolute nicht mehr, der muß schon auf die andere Seite sehn. Auf der anderen Seite steht das Relative und der Zweifel, die Nachgiebigkeit und das Verzeihen, die Heiterkeit und der Charme, und die freie Entscheidung ist auf einmal zur Subversion geworden, jeder zieht an des anderen Strippe, und es ist eine Freude zu sehen, wie die Menschen sich gegenseitig lustvoll an der Strippe ziehn.

Das alles aber geschieht jenseits von Wettbewerb und Expansion. So lernt der Mensch mit der Zeit auch, daß es gar nicht einmal notwendig ist, so gut wie irgend möglich die Strippe zu halten, und daß es das allerbeste ist, wenn er die Strippe abwirft, die eigene und die fremde, und sich in ein freiwilliges Spiel begibt, in völlig unwirtschaftliche und staatswidrige, in geradezu umstürzlerische konzertierte Aktionen. Wie man sieht, unversehens sind wir im Anarchismus angelangt. Es ist zwar ein zärtlicher Anarchismus, ein Anarchismus des Spiels und der lustvollen Geborgenheit. Der Saarländer weiß, wie man mit einer platonischen Frage plötzlich von der Armut und der Frömmigkeit in den Anarchismus gerät. Schiller wußte es auch, als er von diesem »fröhlichen Reich« und diesem Spieltrieb sprach, der »dem Menschen die Fesseln aller Verhältnisse abnimmt und ihn von allem, was Zwang heißt, sowohl im Physischen, als auch im Moralischen entbindet«.

Ja, die Leistung und der Reichtum, die Unfehlbarkeit und die Weltläufigkeit haben es mit einem Male schwer! Der Reichtum als Folge der Leistung und die Weltläufigkeit als Folge der Unfehlbarkeit beginnen mehr und mehr diese zärtliche Subversion zu fürchten. Da gehen sie her, diese fröhlichen saarländischen Anarchisten, sie sind nicht gewalttätig und schleichen des Nachts durch die Straßen, den Hut in die Stirn gezogen, mit einer glimmenden Bombe in der Tasche, wie zu den Zeiten von Kropotkin und Ravachol, als es noch den edlen Anarchismus gab, nein, diese saarländische Anarchie besteht im Verweigern von Overhead- und Diasprojektoren in der Schule, die zwar klug, aber freudlos machen, und sie besteht in der Ablehnung der Diametrie, die die Herrschenden den Menschen in Form von Kausalitäten, von Qualifizierungen und von Alternativen aufzwingen wollen.

Die Welt und das Leben sind nämlich symmetrisch, es gilt nicht das griesgrämige Oder, sondern das freudige Und. Welt und Leben fangen vorne an und hören hinten auf, es geht hinauf und wieder hinunter, im Spiegelbild zeigt sich der Sisyphos, wie er tagtäglich seinen Felsbrocken bergauf wälzt, der am Abend immer wieder zu Tal rollt. »Darin besteht die ganze verschwiegene Freude des Sisyphos«, sagt Albert Camus, »sein Schicksal gehört ihm. Sein Fels ist seine Sache.« Und weiter heißt es: »Glück und Absurdität entstammen ein und derselben Erde. Sie sind untrennbar miteinander verbunden. Irrtum wäre es, wollte man behaupten, daß das Glück zwangsläufig der Entdeckung des Absurden entspringe. Wohl kommt es vor, daß das Gefühl des Absurden dem Glück entspringt.« Und schließlich: »Wir müssen uns Sisyphos als einen glücklichen Menschen vorstellen.«

»Zuerst ist der Saarländer mal fröhlich«, ist gesagt worden, und nun versteht man allmählich, daß diese Fröhlichkeit eine sisyphosische Freude ist. Sie ist nicht Frohsinn oder Spaß an der Freud, wo Orden wider den tierischen Ernst verliehen werden, nein, diese saarländische Freude ist die lustvolle Einsicht der Beharrlichen und der Heimgekehrten in eine paradoxe Welt. Das ist für alle anderen, die auf die Leistung und auf die große Welt gesetzt haben, natürlich ein schwerer Schlag. Die Freude ist kein Götterfunken, auch wenn der Saarländer erst mal fröhlich ist und es so aussieht, als fiele ihm dieses in den Schoß. Nein, die Freude ist eine harte Errungenschaft des fröhlichen Menschen, sie stellt sich nicht ein, wenn du in vier Wochen viertausend Kilometer mit dem Wagen durch den Balkan schaffst, da helfen auch keine olympischen Goldmedaillen, diese harte menschliche Errungenschaft ist auf Leistungen und Weltläufigkeiten dieser Art nicht gegründet. Man darf es schon mit der Arbeit nicht so ganz genau nehmen und man muß auch auswärts immer Heimweh haben, um dieser Freude teilhaftig zu werden.

Und so arbeitet der saarländische Sisyphos nicht, um es zu

etwas zu bringen, sondern er wälzt den Fels immer wieder bergauf, aber erst dann, wenn er zuvor, beim Zutalrollen des Steins, diese arbeitslose Erleichterung verspürt hat, eine Erleichterung, derer die anderen gar nicht teilhaftig werden, weil sie immer das gesteckte Ziel im Auge haben, das sie doch nie erreichen. Und so ist dieser saarländische Sisyphos immer zu Hause, und zwar bei sich selbst, freudig und erleichtert. Er sorgt für seine Verdauung, und er kümmert sich nicht um den Staat, und das lehrt er auch seine Kinder.

Der Inbegriff der Freude ist nämlich die Erleichterung. Hans im Glück trug zuerst einen Klumpen Gold und am Ende zwei gewöhnliche Feldsteine auf seiner Schulter. Aber das war noch viel zuviel. Als er sich zum Trinken niederbückte, da plumpsten die Steine in den Brunnen hinab. Er dankte Gott, daß er ihn auf eine so gute Art von den schweren Steinen befreit hatte, die ihm allein noch hinderlich waren, so heißt es im Märchen, und wörtlich endet es: »Mit leichtem Herzen und frei von aller Last sprang er nun fort, bis er daheim bei seiner Mutter war.« Aber diese Erleichterung vom Golde war nicht Armut, und auch dieses Gottdanken war nicht Frömmigkeit, wie es der SPIEGEL und der Kanzler verstehn. Hans im Glück hatte es mit der Arbeit, wie der Saarländer, nicht so ganz genau genommen, und er war, wie der Saarländer, froh, als er wieder daheim war. Zuerst einmal aber war er fröhlich, und so wird der SPIEGEL die saarländische Freude fälschlicherweise immer für eine arme und fromme Freude halten, wo es doch eine bescheidene und eine zu sich selbst gekommene Freude ist. Der Kanzler, in seiner stahlglänzenden Lehrhaftigkeit den Ländern diesseits des Rheins und der Donau gegenüber, hat es inzwischen womöglich schon gemerkt, auch, daß mit diesem zärtlichen Anarchismus kein Staat zu machen ist, wie er ihn sich denkt.

Saarländische Limericks

Es wurde das bucklige Bliestal
zum lieblichen Paradiestal.
    Es wuchs und gedieh
    dank Gastronomie
zum Kümmel-, zum Korn-, zum Anistal.

Tief unten am Brennenden Berge
sah Goethe die gläsernen Särge.
    Aus einem heraus
    nahm Schneewittchen Reißaus.
Wo blieben aber die Zwerge?

Es spielt der Dichter von Hasborn
mit Wörtern wie mit dem Baßhorn.
    Er bläst sie nach Art
    und haucht sie ganz zart
und ist am Ende ganz blaß vorn.

in die hinter halte prellen
auf die hinter beine stellen
nach den hinter höfen sehen
vor die hinter gründe gehen
alle hinter wäldler kränken
an die hinter türe denken
vor sicht

Körperbau und menschliche Natur
Ein Beitrag zum Geist der Utopie

Vielgestaltig ist der Körperbau, und doch, wie einfach ist die menschliche Natur. Es gibt Dünne und Dicke, Lange und Kurze, Blasse und Rote, Gerade und Krumme, es gibt Glatzköpfe und Schiefmäuler, Silberblicke und Himmelfahrtsnasen, Klumpfüße und Schweißfüße, Triefaugen und Zahnlücken, es gibt Reiterbeine und Knieradler, Wolfsrachen und Hasenscharten, Vogelscheuchen und Spinatwachteln, Hühnerbrüste, ja ganze Suppenhühner, es gibt den Silen mit den Pferde- und König Midas mit den Eselsohren, Daumesdick und Rumpelstilzchen, Zwerg Nase und König Drosselbart. Nun steht es niemand zu, über körperliche Gebrechen zu spotten, wie das die Königstochter aus dem Märchen getan hatte, auch wenn er, wie diese, für einen unbedachten Augenblick sein Wunschbild von der Schönheit nicht verletzen möchte, ein verzeihlicher utopischer Zug. Die Königstochter sah den zu Dicken als zu dick, den zu Kurzen als zu kurz, den zu Blassen als zu blaß, den zu Roten als zu rot, den zu Krummen als zu krumm und den Drosselbärtigen als drosselbärtig an, ohne Ansehen des Ranges und des Standes, wo doch Könige und Herzöge, Fürsten und Grafen, Freiherrn und Edle gekommen waren.

Folglich hätte dieser utopische Blick, der nur die Schönheit im Auge gehabt hatte, ein Erkennungsmerkmal für eine bessere Zukunft sein können, wenn nicht die Beschaffenheit der Natur gewesen wäre. So vielgestaltig der Körperbau auch immer sein mag, die Einfachheit der menschlichen Natur läßt schließlich alle Widersprüche in eins zusammenfallen. Denn als nun die Königstochter den schönen Wald, die grüne Wiese und die große Stadt gesehen hatte, da wären ihr der Dicke und der Kurze, der Blasse und der Rote ebenso recht gewesen, wie ihr am Ende ja auch der König mit dem Drosselbart gut genug gewesen war.

Indem nämlich die Königstochter den schönen Wald, die grüne Wiese und die große Stadt, die allesamt dem König Drosselbart gehörten, gesehen, aber nicht zum Brautgeschenk bekommen hatte, weil sie den drosselbärtigen Mann obendrein hätte mit in Kauf nehmen müssen, und nun darben sollte, da sagte sie: »Ach, hätt ich doch genommen den König Drosselbart.« So war die gewünschte Schönheit, ein utopisches und folglich gar kein weibliches Verlangen, angesichts des Waldes, der Wiese und der Stadt augenblicklich von der Begehrlichkeit nach dem Besitz, einem durchaus weiblichen Zug, verdrängt worden; und der Königstochter wäre nun lieber der Spatz in der Hand als die Taube auf dem Dach gewesen.

Nun entspricht dieser Satz »Besser den Spatz in der Hand als die Taube auf dem Dach«, eine Erkenntnis, die durch die Frau in die Welt gekommen ist, der Grundbeschaffenheit der weiblichen Natur, so wie der Satz »Besser die Taube auf dem Dach als den Spatz in der Hand« der männlichen Natur entsprechen würde. »Besser die Taube auf dem Dach als den Spatz in der Hand« ist nämlich ein durch und durch männlicher Satz und zeigt den anmutigen Geist der Utopie, während »Besser den Spatz in der Hand als die Taube auf dem Dach« ein weiblicher Satz und ein untrügliches Kennzeichen des Sicherheitsbedürfnisses ist.

Die Königstochter griff nach dem König Drosselbart und hatte sogleich den Spatz in der Hand. Aber die Tatsache des Spatzen in der Hand und der Taube auf dem Dach ist durch eine umgekehrte Werthaltigkeit gekennzeichnet. Was für die Königstochter Vorteil und Nachteil, das waren für den König Drosselbart Wunsch und Verzicht. Der für die Königstochter vorteilhaftere Spatz in der Hand und die für die Königstochter nachteiligere Taube auf dem Dach verwandelten sich für den König Drosselbart in die wünschenswertere Taube auf dem Dach und den verzichtenswerten Spatzen in der Hand. Der König Drosselbart begehrte die schöne Königstochter, die Königstochter aber begehrte den schönen Wald, die grüne

Wiese und die große Stadt des Königs Drosselbart. Aber eigentümlicherweise verwandelt sich der für jede Frau vorteilhaftere Spatz nicht in ein habhaftes, sondern in ein flüchtiges, die für die Frau nachteiligere Taube dagegen nicht in ein flüchtiges, sondern in ein habhaftes Wesen. Spatz und Taube folgen dem utopischen Zug des Mannes, denn dieser will des Spatzen nicht habhaft werden, sondern ihm nachschauen, die flüchtige Taube jedoch, die er nur anschauen will, fliegt gebraten der Frau ins offene Maul.

Und so schaut der König Drosselbart angesichts der schönen Königstochter den Spatzen nach, der Königstochter jedoch flogen die gebratenen Tauben ins Maul, aber nicht angesichts des Königs, sondern angesichts seines Waldes, seiner Wiese und seiner großen Stadt. Solange nämlich der Mann die Taube auf dem Dach hat, schaut er nicht der Taube, sondern den Spatzen nach, während der Frau, die den Spatz in der Hand hat, nicht der Spatz, sondern die gebratene Taube ins Maul fliegt. Erst dann, wenn der Mann die Taube endlich einmal in der Hand hätte, und wenn der Spatz aus der Hand der Frau aufs Dach geflogen wäre, dann würde sich die Einfachheit der menschlichen Natur in eine doppelt verkehrte Vielgestaltigkeit verwandelt haben und sich als zukunftsträchtig für die Sicherheitsbedürftigkeit und sich als sicherheitsbedürftig für die Zukunftsträchtigkeit auswirken.

Aber der Königstochter, mit dem Spatz in der Hand, flogen die gebratenen Tauben unentwegt weiter ins Maul, und sie zeigte sich nach wie vor als das sicherheitsbesessene Wesen, unverwandelt. Der König Drosselbart dagegen, mit der Taube auf dem Dach, schaute den Spatzen nach, ganz utopische Natur, und ging durch alle Verwandlungen hindurch. Er machte sich zum braven Spielmann und zum wilden Husar, er würde auf den Händen gehen und mit den Füßen klatschen, nur um die schöne Königstochter auf gefällige Weise zu lehren, daß es nicht auf die Dicke und nicht auf die Kürze, nicht auf die Blässe und nicht auf die Röte, nicht auf die Krummheit und nicht auf die Drosselbärtigkeit, daß es nicht auf den schönen Wald, nicht auf die grüne Wiese und nicht auf die große Stadt, sondern daß es einzig und allein auf die rechte Freude ankommt.

Die Königstochter, mit dem Spatz in der Hand und den gebratenen Tauben im Maul, sagte sicherheitshalber: »Ich habe großes Unrecht gehabt«, denn sie wußte, was sie besaß. Der König Drosselbart aber, mit der Taube auf dem Dach und dem Blick nach den Spatzen, sagte ganz utopisch: »Die bösen Tage sind vorüber.« Er konnte nicht wissen, was ihm bevorstand.

Als artiger Brauch gilt es, dem Rat des Arztes und dem Fürsprecher der Volksgesundheit zu folgen. So hält sich seit Jahr und Tag in allen Familien und Haushalten der »Praktische Hausschatz der Heilkunde« von Sanitätsrat Bergmann, »Reclams Universum«, eine illustrierte Wochenschrift, das »Magazin der Hausfrau«, eine vom Fachhandel und seinen Kundinnen gestaltete Kundenzeitschrift und die »Freie Stunde«, das Magazin für Sparkassenkunden; denn in diesen belehrenden und unterhaltenden Schriften kommt der Arzt und auch der Fürsprecher der Volksgesundheit mit Empfehlungen und Ratschlägen zu Wort. Gemeinsamer Brauch des »Praktischen Hausschatzes« und des »Universums«, des »Magazins der Hausfrau« und der »Freien Stunde« aber ist es, wie auf eine geheime Verabredung über ganze Generationen hinweg, dem Herz- und Kreislauftod zu wehren. Der Himmel weiß, warum.

Ein Tod an Lungenkrebs oder an Leberzirrhose und auch ein langwieriger polyarthritischer Cortisontod können schwerlich empfehlenswerte Tode sein. Die einzige Erklärung, dem schönen Herz- und Kreislauftod entgegenzuwirken, liegt darin, daß dieser, von allen Toden zuvorderst rangierend, nicht eigentlich den einzelnen Menschen, sondern die ganze Gesellschaft bedroht, die im Hinblick auf das jähe Ereignis nicht rasch genug Vorsorge treffen kann. Ein Lungenkrebs und eine Leberzirrhose, auch ein polyarthritischer Cortisontod überraschen nicht sinnlos Familie und Staat, aber ein Herz- und Kreislauftod reißt den Menschen zu plötzlich aus den familiären und gesellschaftlichen Prozessen.

Und so empfiehlt Dr. Bergmann artig Fieber-, Entziehungs- und stärkende Diäten sowie Trauben-, Milch- und Molkenkuren, vor allem dem körperlich schaffenden Fabriks- und Handwerksmenschen; treuherzig rät Herr Falkenhorst zur

Hygiene des Spazierengehens, namentlich dem geistig arbeitenden Bureaumenschen. Da nun aber die geistige Ermüdung auch die Leistungsfähigkeit der Muskeln herabsetzt und die körperliche Ermüdung die Funktion der Kopfzellen beeinträchtigt, ist es nützlich, wenn auch der Bureaumensch nach Milch und Molken und wenn der Arbeitsmensch nach Stab und Ränzel greift. Denn die ausgedehnten Untersuchungen von Mosso und Kräpelin haben ergeben, daß schon ein einfacher einstündiger Spaziergang die geistige Leistungsfähigkeit in demselben Maße herabsetzt wie ein einstündiges Addieren, und daß umgekehrt dieses einstündige Addieren den Bureaumenschen ebenso körperlich erschöpft, wie es der Spaziergang dem Fabriks- und Handwerksmenschen tut. Aber die Darmschlingungen beim Diätessen und die Muskelbewegungen beim Spazierengehen befördern den Kreislauf des Blutes und beseitigen allerlei Stockungen, die das Leben bedrohen. Wer also Milch und Molken nicht verachtet, wer bei trockenem Wetter die staubigen Wege meidet und sich auch nach dem Winde richtet, dessen Herz und Kreislauf bleiben lange rüstig und gesund.

Doch Dr. Bergmann und Herr Falkenhorst raten lange nicht eindringlich genug, der Fachhandel und seine Kundinnen sowie die Sparkassen dagegen verweilen nicht bei Milch und Molken und nicht bei Stab und Ränzel. Der Fachhandel empfiehlt statt Milch und Molken die Eiweißdiät, und die Sparkasse rät nicht zu Stab und Ränzel, sondern zum Fahren auf dem Rade, ohne den Einfluß des Eiweißes auf die verschiedenen Organe und ohne den Einfluß des Radfahrens auf das Ohr zu bedenken. Während aber Sanitätsrat Bergmann noch Wermuttinkturen und das Pulver des Tausendgüldenkrauts für den Magen und Herr Falkenhorst den mit Vaseline getränkten Wattepfropf für das Ohr empfiehlt, setzen sich die Erfinder der Eiweißdiät und die Verfasser der Trimmdich-Breviere, vor allem aber Fleischverarbeitungs- und Fahrradindustrie und auch der Fachhandel über Magen- und

Ohrenkrankheiten hinweg, nur um dem persönlich so schönen, dem familiär und gesellschaftlich aber so schädlichen Herz- und Kreislauftod zu wehren.

Nun stirbt aber niemand der Familie und der Gesellschaft zuliebe einen Tod an Lungenkrebs oder an Leberzirrhose, und schon gar nicht gern diesen langwierigen polyarthritischen Cortisontod. Während Sanitätsrat Bergmann und Herr Falkenhorst, der Fachhandel und die Sparkasse nur mit halbem Herzen vom Rauchen und vom Trinken und auch von der übermäßigen Strapazierung der endokrinen Drüsen abraten, aus voller Brust aber zum diäten Essen und zum Spazierengehen, ja zur Eiweißdiät und zum Radfahren ermuntern, raucht und trinkt und strapaziert eine ganze Gesellschaft ihre endokrinen Drüsen, diätet aber auch mit Milch und Molken und dem Eiweiß, spaziert und fährt rad, daß es nur so seine Art hat, und vergißt dabei das Nötige, nämlich das, was den schönen Herz- und Kreislauftod begünstigt.

Mein Onkel Karl rauchte, und er starb an Lungenkrebs. Mein Onkel Kurt trank, und er starb an Leberzirrhose. Meine Mutter überstrapazierte ihre endokrinen Drüsen, und sie starb an aufgezehrten Nebennieren. Sie aßen Diät und spazierten im Walde, solange ihre Mägen die Diät und ihre Füße das Spazierengehen vertrugen, damit Herz und Kreislauf gut gerüstet blieben, eine lange Krankheit zu erdulden. Aber als Onkel Karl die Zigarette nicht mehr schmeckte, als das Karzinom und die Metastasen sich allmählich ausdehnten, da halfen auch schon keine chemotherapeutischen und keine zytostatischen Mittel mehr, nicht Träthylenmelanin und nicht Lost; und als Onkel Kurt der Magenbitter nicht mehr schmeckte, als die Bindegewebe seiner Leber zu schrumpfen begannen, die Haargefäße und die Pfortaderzweige in Auflösung gerieten und die Abflußwege verminderten, da half auch nicht mehr der Erdrauchsaft, gemischt mit Löwenzahn. Keine Herdsuch- und keine Herdtestgeräte, weder Pendel noch Wünschelrute, kein Wismut und kein Dermatol, keine Pulverstreuungen und keine Einpinselungen, weder mit Collodium noch mit Opium, weder mit Cocain noch mit Belladonna halfen meiner Mutter auf die Beine, ganz geduldig fraß das Cortison die Nebennieren auf.

Onkel Köbes aber starb den Herz- und Kreislauftod. Er stand am Spielautomaten und gewann. Welch ein schönes Gefühl! Da fiel er um und war tot. Indessen wehren Sanitätsrat Bergmann und Herr Falkenhorst, der Fachhandel und die Sparkasse unverdrossen dem Herz- und Kreislauftod. Sie empfehlen weiterhin Fieber-, Entziehungs- und stärkende Diäten, Trauben-, Milch- und Molken-, ja selbst Eiweißkuren, sie raten zur Hygiene des Spazierengehens und zum Körperkult des Radfahrens. Halte sich an diese Bräuche, wer mag.

Die Geschichte
vom zuverlässigen Wandel

»Nirgends ist die Zuverlässigkeit eine Sache von größerer Bedeutung als bei einem Kochbuch«, sagt Luise Holle im Vorwort zur 48. Auflage des »Praktischen Kochbuches für die gewöhnliche und feinere Küche« von Henriette Davidis, schon vor einem halben Jahrhundert. Wie beneidet man das schöne Stiefkind, welches die Betten der Frau Holle aufgeschüttelt hat, daß die Federn nur so flogen und die Schneeflocken nur so wirbelten, »denn dafür hatte es auch ein gutes Leben bei ihr, kein böses Wort, und alle Tage«, in bedeutungsvoller Zuverlässigkeit, »Gesottenes und Gebratenes«. Zuverlässigkeit beim Sieden und Braten ist nämlich bedeutsam im Hinblick auf die Wandelbarkeit der menschlichen Natur.

Doppelt begabt ist der Mensch als Verwandlungsapparatur. Er wandelt um, und er verwandelt sich an. Das, was er umwandelt, wandelt er um, um es sich anzuverwandeln; denn er selbst, als das Unwandelbare, hat den Wandel nötig, um das Unwandelbare durch Anverwandlung des Umgewandelten fortlaufend zu bestätigen. Andererseits, der Mensch, als das Unwandelbare, wandelt zum Wohle der Anverwandlung zweckmäßigerweise nur das um, was seine Unwandelbarkeit nicht entscheidend beeinträchtigt. So hatten schon die Alten darüber gewacht, daß diese unwandelbare Substanz nicht durch wandelbare Akzidentien gefährdet und womöglich gar im eschatologischen Jubel beim Brotbrechen jedes Mal vollkommen aufgehoben wurde.

Denn nirgends geht die Umwandlung zum Zwecke der Anverwandlung näher mit Substanzverlust einher als dort, wo Brot gebrochen und Wein getrunken wird, wie überhaupt jede Form der Nahrungsmitteleinverleibung, ganz gleich, ob ernährungswissenschaftlich oder theologisch gedeutet, ein Vorgang zwischen Substantialisierung und Akzidentalisierung, oder, wenn man so will, zwischen Qualifizierung und Quantifizierung ist. Substantialisiert ist eine Mahlzeit, in deren Mittelpunkt etwa das Osterlamm, und akzidentalisiert ist eine solche, in deren Umkreis die diversen Beilagen stehen, wie etwa grüne Bohnen oder gefüllte Auberginen nach Art von Palermo.

Da nun aber die menschliche Verwandlungsapparatur zum Zwecke des Anverwandelns unausgesetzt mit Umwandlungsprozessen beschäftigt ist, so muß sie für die Prozesse zahllose Mittel bereithalten, causae instrumentales, die, wie schon das Wort sagt, als werkzeugliche Ursachen allesamt an diesen bewegenden Vorgängen beteiligt sind und sie erfolgreich bewerkstelligen. Diese Mittel sind körperliche Mittel und unkörperliche Mittel, Verdauungssäfte und Verdauungswörter, Enzyme und Etyme, und zwar Ptyaline, Pepsine und Trypsine, Substantive, Adjektive und Verben, aber auch Artikel und Adverbien, Präpositionen und Pronomina, vor allem Fremdwörter, sowie Maltase, Lipase und Amylase.

Jeder Mensch hat diese doppelten Verwandlungsereignisse, nämlich Umwandlung mit Hilfe von Säften und Wörtern, am eigenen Leib erfahren, wovon jede Koch- und Eß- wie auch Verdauungs- und Aufnahmeprozedur unwiderlegbar Zeugnis ablegt. Und wenn ich nun von einer solchen Substantialisierung nach der Mitte und einer Akzidentalisierung nach dem Umkreis hin zeuge, dann will ich nichts anderes, als zuverlässig zeigen, wie sehr Enzyme und Etyme das »gute Leben«, nämlich »Gesottenes und Gebratenes« ohne »ein böses Wort«, notwendig begründen.

Als am Sonntag nach dem ersten Frühlingsvollmond des Jahres 1969 die Morgensonne auf den bedeutungsvollen Purgierginster herniederschien, da standen und lagen auf der Terrasse des Waldhauses von Urweiler die Substanzen und alle dazugehörigen Ingredienzien zur Substantialisierung sowie die Akzidenzien und alle dazugehörigen Ingredienzien zur Akzidentalisierung des Osterlamms bereit.

Da lagen Thymian und Rosmarin, Basilikum und Bohnenkraut, aber auch, schon verwandelt, Aphrodite und die wü-
tende Hera, Pan und der schlafende Silen, nämlich Aphrodite
unter dem Thymian, voller Eifer und Aktivität, Hera neben
dem Rosmarin, erschöpft vom vielen Wüten, Pan am Basilikum, kurzbeinig und schrecklustig, und der Silen im Bohnenkraut, »schwellend wie immer die Adern vom Wein, den er
gestern getrunken; wie wenn eben vom Haupte geglitten,
lag abseits sein Kranz noch, hing der gewichtige Humpen
am abgegriffenen Henkel«, wie Vergil sagt, und es roch, wie
jeder sich denken kann, nach dem Libanon und nach der Pro-
vence, nach Dalmatien und nach allen griechischen Inseln.

Da lag der Knoblauch und da stand das Olivenöl, da lag
das Brot und da stand der Wein, da lagen und standen Pfeffer
und Salz, grüne Bohnen und der Würfel mit Maggis klarer
Rindfleischbrühe. Und da lag – nach der Lesart des Tiervaters
Brehm – »unausstehlich dumm, und deshalb nicht eben ein
glücklich gewähltes Sinnbild für tugendreiche Menschen«, –
und nach der Lesart der Apokalypse – »wie wenn es erwürgt
wäre«, gottlob geschlachtet, das Lamm, dieser Wiederkäuer
mit gespaltenen Klauen, und unser ganzer Sinn stand auch
nach seinem Blut und nach der Spannader, ja nach dem ganzen Hinterteil.

Aphrodite und Hera werkten schon in der Küche: mit dem
geschlachteten Lamm und mit 1000 g grünen Bohnen, mit
50 g Butter und mit 100 g Dörrfleisch, mit einer Knoblauchzehe und 1/8 l Bouillon, mit Pfeffer und Salz, voller Eifer und
Aktivität, längst ohne Wut, in bedeutungsvoller Zuverlässigkeit. Pan und der erwachte Silen machten sich am offenen
Feuer zu schaffen, und die Nymphe, die unter der Trauer-
weide saß, war eine Najade, denn sie hielt die Füße in das
organische Wasserbecken.

Wir schenkten uns Wein ein – der nach der Lesart der Richter »fröhlich« und nach der Lesart des Predigers »guten Mut«
macht –, und als die Sonne auf das Dach des Hauses schien,

da war aus dem Lamm schon das Osterlamm geworden; da war es zerteilt in Blatt und Lende, in Kamm und Keule, gespickt mit Knoblauch, gewürzt mit Rosmarin und Basilikum, und, gepinselt mit einem olivenölgetränkten Thymianzweig, briet es auf dem Hirtengrill, über einer Glut, von der die Frau Holle sagt: »Ein guter Herd muß vor allem die Feuerung völlig verbrennen bei gleichmäßiger Verteilung der Hitze auf dem ganzen Herd, bei seiner Beschickung und Befeuerung darf sich weder Ruß, Rauch noch Kohlendunst – letzterer als kleine bläuliche Flämmchen auf glühenden Kohlen – bemerkbar machen.«

Darauf briet es, 15 Minuten auf jeder Seite, und der Silen, längst ernüchtert, prüfte unablässig die substantialisierende Glut. Aphrodite und Hera bräunten indessen in der heißen Butter die Knoblauchzehe, taten sie heraus und brieten das Dörrfleisch an, gaben die Bohnen, das Bohnenkraut und die kraftvolle Fleischbrühe hinzu und ließen das Ganze unter oftmaligem Schwenken bei milder Hitze 15 Minuten lang dünsten.

Indessen floß der Wein menschenerfreuend in die Kehlen, und als die Sonne über das Dach auf die Terrasse vorgerückt war, war auch der tückische Alkohol in die Blutbahnen eingedrungen und hatte die Nervensysteme enthemmend befeuert. Treuherziger Silen, argwöhnischer Pan! Aphrodite und Hera brachten die Bohnen auf den Tisch, wo schon Wein und Brot glänzten, und das Lamm, das nun, gepfeffert und gesalzen, zwischen Zähnen und Gaumen in die unabdingbaren Prozesse der Umwandlung geriet, hatte längst seine geduldigen und sanftmütigen, seine dummen und furchtsamen Eigenschaften abgelegt.

Das war ein Umwandeln und ein Anverwandeln! Aus den Mundspeicheldrüsen traten Ptyalin und Maltase und machten sich über die Kohlehydrate her, aus den Magenwänden strömten Pepsin und Lipase und zerspalteten das Eiweiß, aus den Bauchspeicheldrüsen rannen Trypsin und Amylase und zerteilten Kohlehydrate und Eiweiß dazu. Das war ein Kneten und ein Walken, ein Lösen und ein Verdünnen, daß es nur so seine Art hatte! In den Darmsäften fermentierten die Kohlehydrate und emulgierten die Eiweißkörper, und in den Gallensäften grassierten die Fette.

Ja, die Fette! Was wird nicht alles gegen diese hochmolekularen Verbindungen vorgebracht, wie schlecht steht das verwickelt gebaute Cholesterin im Ansehen der Ernährungsphysiologie! Ja, wenn der Knoblauch nicht wäre! So wie das Bohnenkraut gegen die Bohnen und wie der Rosmarin gegen Salz und Pfeffer, so ging der Knoblauch gegen Öl und Butter vor, und alle Stickstoffe und Alkaloide wurden in heilkräftige Wirkstoffe um- und den verdauenden Körpern nutzbringend anverwandelt. Und wenn die Schönheit eines unserer Körper unter diesen Anverwandlungen Schaden genommen hätte: ein Zweiglein Rosmarin im Badewasser hätte die Häute wieder geglättet. Selbst wenn eine Schlange giftsprühend aus dem Ginster gekrochen wäre: das heilende Basilikum war den Körpern schon anverwandelt.

Da lagen wir also in den Klappstühlen, die Sonne schien auf unsere Körper, in denen sich die Kohlehydrate in Traubenzucker, die Fette sich in Glyzerin und das Eiweiß sich in Aminosäuren zerspalten hatte. Aber mit Traubenzucker, Glyzerin und Aminosäuren waren wir fast schon zu anderen Menschen geworden, mythologische Wesen, akzidentalisiert in ansehnliche Quantitäten, aber auch substantialisiert in Qualitäten, denen nur noch ein gutes Wort fehlte, weil Ostern war.

Da lag das symbolträchtige Brot, da stand der menschenfreundliche Wein, und beide warteten auf ein zuverlässiges Wort. Ptyaline, Pepsine und Trypsine, Maltase, Lipase und Amylase hatten ihr Werk getan, aber was war mit den Substantiven und den Adjektiven, was war mit den Adverbien und den Pronomina, was war vor allem mit den Fremdwörtern? Die mythologischen Wesen brachen das Brot und schenkten den Wein in die Becher, aber die Anverwandlung mit

Hilfe der Wörter mißlang unter den schweren Zungen. Jeder neue Versuch erschwerte die österliche Transsubstantiation, weil ja immer wieder Brot und vor allem immer wieder auch Wein erforderlich waren.

Als unsere Zungen schließlich außerstande waren, die Gegenwärtigsetzung des geopferten Lamms zu erwirken, da erschienen schon die Ostergäste, Großvater und Großmutter mit Kindern und Enkelkindern, allesamt verwandelt, teils noch unter dem Eindruck der tatsächlichen Verwandlung der Substanz von Brot und Wein in die Substanz von Fleisch und Blut, teils unter dem der Verwandlung des Huhns in den eierlegenden Osterhasen. Da nun aber die Transsubstantiation nur die Substanz von Brot und Wein sowie des Huhns erfaßt – die Akzidenzien der Gestalten bleiben ja leider in physischer Realität erhalten –, waren wir mythologische Wesen außerstande, Fleisch und Blut sowie auch den eierlegenden Osterhasen wahrzunehmen.

Die Ostergäste, substantiell, vielleicht nur akzidentiell gereinigt, traten argwöhnisch an die verwüstete Terrasse, während wir uns auf natürliche Weise unserer österlichen Reinigung unterziehen mußten. Wir griffen nach dem abführenden Samen des Purgierginsters und reinigten uns auf die autarke Weise der Natur, zuverlässig, ohne ein böses Wort, nach der weisen Einsicht der Frau Holle und des Immanuel Kant, der gesagt hat: »Bei allem Wechsel der Erscheinungen beharrt die Substanz; und das Quantum derselben wird in der Natur weder vermehrt noch vermindert.«

Staub von den Sternen
Meine Erlebnisse mit der Musik

Die Töne der Musik seien Staub, der von den Sternen fällt, heißt es in einem alten chinesischen Märchen, und das leuchtet auch ein. Dieser Sternstaub fällt nämlich auf das Wasser der fünf Meere, die vor den Küsten Chinas liegen und erzeugt dort die fünf Töne, die die chinesische Tonleiter bilden. Darin ist der chinesische Hauptton der Ton, den der Sternstaub hervorbringt, der auf das Wasser des Gelben Meeres fällt, ein Ton, der in unseren abendländischen Ohren nicht gerade als ein Wohlklang bekannt ist. Der Sternstaub fällt unablässig auf die fünf chinesischen Meere, und ganz gleich, welche Reihenfolge die Staubkörner einhalten, es ergibt immer nur fünf Töne, weil ja nur fünf Meere für den fallenden Staub vorhanden sind, und es fehlen folglich immer die zwei Töne, die hierzulande als Halbtöne bezeichnet werden. Alle chinesischen Musiker und Musikanten ahmen diese fünf Töne nach, aber die fehlenden Halbtöne, die sie selbst gar nicht vermissen, lassen in unseren Ohren eine gewisse Leere entstehen, so daß schon Immanuel Kant gesagt hat: »Die Chineser, ob sie sich gleich mit der Musik viele Mühe geben, finden doch an der unsrigen kein Wohlgefallen.« Der kosmische Staub von den Sternen, diese interstellare Materie aus der Milchstraße, der gut und gerne auch auf das Wasser der zwölf Mittelmeerbusen hätte fallen und dabei die europäische Zwölftonmusik hätte entstehen lassen können, ist für mich das »Ding an sich« und folglich eine durch und durch kantische Wirklichkeit: es gibt diesen Staub erfahrungsgemäß, und er erzeugt etwas, das sich in der Anschauung überhaupt nicht vorfindet, das ist die Musik. Die Musik kommt entweder zustande, wie es diese chinesische Sternstaubtheorie beschreibt, oder es gibt sie nur als reine Erfindung. Davon bin ich fest überzeugt. Der Sternstaub fällt aus der Wölbung des Kosmos, aber lange, bevor er bei den chinesischen Meeren ankommt, erzeugt er schon die Sphärenharmonie, es erklingt dieses für sterbliche Ohren nicht hörbare pythagoräische Tönen der Planeten. Es waren fünf Planeten zur Zeit des Pythagoras, und schon daraus kann geschlossen werden, daß die Chinesen sich mit ihrer Fünfmeeresmusik nicht nur im Bereiche des Märchens bewegten. Der Staub von den Sternen trifft auf den blanken Oberflächen auf, und diese beginnen zu schwingen wie die Metallplättchen eines Vibraphons.

Ich habe leider nur dieses märchenhafte und kein klassisches Verhältnis zur Musik wie mein Pate, und auch kein romantisches, wie mein Bruder. Eher ist es eine gewisse Nützlichkeitsbeziehung, wie sie ja oft aus der Zuneigung zu Märchen hervorgeht. Man denke zum Beispiel nur an den Effekt, den die Bremer Stadtmusikanten erzielt haben. Mein Pate hat sein Leben lang, von Kindesbeinen an, meisterhaft das Cello gestrichen, mein Neffe, der sechsjährige Christian, ist bereits mit dem gleichen Instrument befaßt, und auch mein Bruder, der schlecht und recht, aber sozusagen ungelernt, mit Anmut die Flöte, den Dudelsack und die Okarina bläst, macht die ganze Familie mobil: die kleine Susanne spielt schon im »Notenbüchlein der Anna Magdalena Bach«, und Lukas darf mit der Mama dazu singen, wenn sie mögen. Mutters Vater liebte die Bergmanns-, mein eigener Vater dagegen die Militärkapelle, sein Onkel Julius war Tambourmajor, schon vor dem ersten Krieg, zuerst in Straßburg, dann in Dieuze, seine Kusine war sogar Opernsängerin, zuletzt im Opernchor des Saarbrücker Stadttheaters. Aber ein Ohr ist nicht dauerhaft, und die Ohren in unserer Familie sind sozusagen unsere neuralgischen Organe, Vater und seine Kusine Martha sind am schlimmsten betroffen, es steht schlecht um die Oper und um die Militärmusik. Niemand aber darf sagen, ich sei unmusikalisch, im Gegenteil, ich habe ein einigermaßen gewecktes Ohr und auch eine laute Stimme, was vielleicht meiner Freude am gemeinschaftlichen Singen zuträglich ist, aber nicht erklären und gar nicht rechtfertigen soll, warum ich einer Karriere als Operettensänger nachweinen müßte, einer Karriere, die ich nicht einmal begonnen habe. Ich war damals sechzehn Jahre alt, und meine Mutter sagte zu mir: »Wenn du mir das antust, dann ziehe ich die Hand von dir ab.« Auf diese Weise bekam ich keinen Goldstaub in die Kehle, wie die Mitglieder des Saarbrücker Opern-, aber auch keinen Kohlenstaub in die Lunge, wie die Mitglieder des Saarknappenchors, für mich blieb die Musik der Sternstaub aus der Milchstraße. So kann ich auch die heile Welt nicht in der Operette verwirklichen, was ja so angenehm gewesen wäre, sondern muß es tagtäglich auf viel strapaziösere Weise tun. Ich sitze an meinem Tisch und schreibe, aber es käme mir nicht in den Sinn, irgendeine Musik dabei zu hören. Meine literarische Nützlichkeitsbeziehung darf nicht mit einer Unterhaltungsfunktion verwechselt werden; erst wenn ich alleine im Walde spaziere, oder im Auto fahre, oder etwa im Flugzeug über den Wolken fliege, dann ergeht es mir jedesmal wie Swann, wenn er die Vinteuil-Sonate hört. Die Musik erscheint mir zwar nicht »wahrer als alle bekannten Bücher«, aber das Vergnügen stellt sich ein, das bei Swann durch das Trinken einer Tasse Tee oder das Gehen auf einem gewölbten Pflasterstein hervorgerufen wurde. Bei mir ist es ein Glas Wein statt einer Tasse Tee, und bei mir sind es die Kieselsteine im Gehlenberger Wald statt der Steinplatten im Markusdom. Bei mir ist es ja auch nicht die Sonate von Vinteuil, sondern nur »Stardust«, Sternstaub, was beim Fliegen im Flugzeug, so nahe bei den Sternen, gar nicht verwunderlich ist.

Ich bewege mich, wenn ich von der Musik spreche, in der »Kritik der Urteilskraft« von Kant, die ja eine Kritik des Geschmacks ist. Sie bezieht sich ausschließlich auf die Gefühle der Lust und der Unlust, und in der Musik müssen bei mir Anschauung und Idee so harmonisch zusammenklingen, daß mir diese subjektive, ganz und gar kantische Zweckmäßigkeit zum Bewußtsein kommt. Diese Zweckmäßigkeit bezieht sich auf das rechte Leben, und die Musik hat in dem meinen die Aufgabe einer gewissen Digestionsförderung. Vor der Musik sahen die Bremer Stadtmusikanten einen gedeckten Tisch mit schönem Essen und Trinken in dem Räuberhaus, und nach der Musik, heißt es in dem Märchen, gefiels ihnen so wohl darin, daß sie nicht wieder heraus wollten. Die Musik muß also einen Nährwert besitzen, und sie muß verdaulich sein. Musik ist Geschmackssache, hat also mit der Verdauung und folglich mit dem Bauch zu tun. Nun gibt es bekanntlich eine Spezies Mensch, die mehr aus Bauch als aus Ohren besteht, oder die gar nichts anderes als Bauch ohne Ohren ist, von der Cato, der römische Staatsmann, gesagt hat: »Es ist eine schwere Sache, zum Bauche zu reden, der keine Ohren hat.« Kant gehörte dazu, und ich gehöre auch dazu. Kant ließ sich Kabeljau und Kaviar aus Riga kommen, er traf sich mit seinen Freunden zum Essen, nicht zu musikalischen oder sonstwelchen künstlerischen Seancen, und Hippel, der ja die Haushalts- und Frauenfrage erörtert hat, riet ihm, zum Abschluß seiner kritischen Phase noch eine »Kritik der Kochkunst« zu schreiben. Von der Tonkunst ist keine Rede, und wer weiß, welche Töne es je zuwege bringen können, die Einbildungskraft auf unabsichtliche Weise in eine lustvolle Einstimmung zum Verstand zu bringen. Musik ist Empfindungssache, ein Widerhall des Sternstaubs in unserm Ohr.

Ich bleibe bei Kant. In seiner »Kritik der Urteilskraft« nahm er eine »Vergleichung des ästhetischen Werts der schönen Künste untereinander« vor, er rechnete die Dichtkunst, die Architektur, die Lustgärtnerei und die Musik gegeneinander auf und ab und befand, die Dichtkunst stehe zu alleroberst und die Tonkunst ganz unten auf der Skala der Werte. Nun, ich möchte mich, wenn ich mich auch fortwährend auf Kant berufe und mit ihm und anderen gescheiten Gewährsleuten eine Rechtfertigung meines schlechten musikalischen Geschmacks und erst gar meiner miserablen musikalischen Bildung betreibe, ich möchte mich trotz allem nicht auf solche

Werturteile festlegen, denn was dem einen »Anfälle von Glück« sind, das sind dem anderen Ausfälle von Unheil, und die Ausfälle von Glück, die den Anfällen von Unheil gegenüberstehen, lassen am Ende die objektive Bewertung überhaupt nicht mehr zu, und alles endet in Unfällen von Anfällen und in Unfällen von Ausfällen. Nein, ich bleibe, wenn es um die Musik geht, ganz subjektiv; und weil ich Schreiber bin und die Wörter der Sprache mein Umgang sind, habe ich natürlich auch mit den Tönen der Musik etwas im Sinn, die ja auch klingen und Laut geben wie die Wörter. Aber für mich ist die Musik nur ein Teil der Poesie, und ich denke an Raymond Queneau, der das in seiner »Ars poetica« genau beschrieben hat, wo es heißt:

> »Nimm ein Wörtchen oder zwei,
> laß sie kochen wie ein Ei,
> tu ne Messerspitze Sinn
> und nen Batzen Einfalt rin.
> Setz es dann dem Feuer bei,
> kochs im lauen Technikbade,
> gieß die Rätselremoulade,
> salze es mit Sternlein feine,
> pfeffre es, und dann zieh Leine.
> Wohin willst du dich vertreiben?
> Schreiben willst dus? Wirklich? Schreiben?«

»Salze es mit Sternlein«, heißt es da, und an dieser Stelle sind wir wieder bei der Musik angelangt und wieder beim Sternstaub. Das Salz des Gedichts sind die zu Staub zerriebenen Sterne, Sternstaub, der nicht nur ins Gelbe Meer, sondern auf die Poeme der Dichter fällt und dort zu tönen beginnt.

Die Musik ist Empfindungssache, sie braucht nicht unbedingt naiver oder sentimentaler Jazz zu sein, wie ich ihn immer gern gehört habe, es kann so gut Reynaldo Hahn wie Beethoven sein, so gut Peter Hoch wie Clemens Kremer. Nur wenn Marcel Proust beim Aufklingen des Vinteuil-Themas »Anfälle von Glück« empfindet, wenn Bloch beim Anhören von Fidelio sogar »ethische Wirkungen« verspürt, dann schreckt mich die Großartigkeit dieser Empfindungswelt, und dann befällt mich Hochachtung vor soviel musikalischer Vergleichungskunst. Proust spricht von »unausdrückbaren Visionen«, von einem »wirklicheren Rausch« und von »Wahrererem«, und Bloch spricht von einem »tönend-utopischen Subjekt-Objekt-Inhalt«, dagegen nehme ich mit meinen niederen Empfindungen höchstenfalls jene Sternstaubverwandlungen wahr, die aber ganz akustische Prozesse bleiben und nicht gleich zu Metamorphosen von Subjekten und höheren Wahrheiten werden. Aber auch Kant hat ja diese großen Gefühle Prousts nicht geteilt und diese ethischen Wirkungen Blochs nicht verspürt. Er war sehr skeptisch gegenüber der Musik, und zwar »weil sie bloß mit Empfindungen spielt«, wie er sagt. Kant hatte Angst, die Kontenance zu verlieren, er wollte Haltung bewahren und nicht in ein Spiel verwickelt werden, in dem er vielleicht die Fassung verlieren könnte. Aber das Spiel, auch mit den Empfindungen, würde mich nicht schrecken, im Gegenteil, meine spielerische Lust, mit Wörtern und Gedanken und folglich auch mit Empfindungen umzuspringen, ist groß, und so komme ich, wo von der Musik die Rede ist, unversehens zu Mozart, dem spielerischsten aller Menschen. In einem Brief des Siebzehnjährigen an seine Schwester heißt es: »Wen man die gunst der Zeit betracht, und doch die hochachtung der sonne dabey gänzlich nicht vergist, so ist gewis, daß ich gott lob und danck gesund bin. Der zweyte saz ist aber ganz verschieden, anstat sonne, wollen wir sezen Monde und anstat gunst, kunst, so wird Jeder der mit einigen wenigen natürlichen vernunft begabt ist, schliessen, daß ich ein narr bin, weil du meine schwester bist.« Sonne und Mond, Gunst und Kunst; folgen wir Mozarts Rat zur Vertauschung, so heißt es nicht mehr: »Wen man die gunst der Zeit betracht und doch die hochachtung der sonne dabey gänzlich nicht vergist«, sondern: »Wen man die kunst der Zeit betracht, und doch die hochachtung des Monde dabey gänzlich nicht vergist«, und schon begreift man, daß nicht die Sonne und die Gunst, sondern der Mond und die Kunst herbeigerufen werden: in den Nächten fällt der Staub von dem Stern, der uns am nächsten steht.

»Außerdem hängt der Musik ein gewisser Mangel an Urbanität an, daß sie, vornehmlich nach Beschaffenheit ihrer Instrumente, ihren Einfluß weiter, als man ihn verlangt ausbreitet und so sich gleichsam aufdringt, mithin der Freiheit anderer, außer der musikalischen Gesellschaft, Abbruch tut.« Ganz am Ende stellt sich also Kant noch einmal ein, und von diesem demokratischen Satz aus wird Blochs Moralität, jene »ethische Wirkung und Abbildung« zur Einbildung, und wird auch jener »urnächtig-große Naturtraum« zum Alptraum trompeteblasender Nachbarn. »Unter allen entsetzlichen Dingen das entsetzlichste ist Musik, wenn sie erst erlernt wird«, hat Hebbel in sein Tagebuch geschrieben, und jedermann kann ein Lied davon singen, wie klein die Freiheit geworden ist an der Seite eines musikausübenden Menschen. »Sie tut der Freiheit anderer Abbruch«, sagt Kant, und das ist die Übertragung eines Satzes von Rousseau aus seinem »Diskurs über die Ungleichheit der Menschen untereinander« in den musikalischen Bereich. »Sorge für dein Wohl mit so wenig Schaden wie möglich für den anderen«, heißt es bei Rousseau, und das Sprichwort sagt: »Was du nicht willst, das man dir tu, das füg auch keinem andern zu.« Und so müssen wir schließlich dahin kommen, gemeinsame Absprachen zur allgemeinen Heiterkeit zu treffen, damit in Zukunft niemand beeinträchtigt wird. Das fängt in der Familie an, bei Mann und Frau, die zu zweit miteinander leben und unter Umständen miteinander musizieren. Dabei soll es so liebevoll und so sorgsam, am besten leise und unter geringem Aufwand zugehen, und keinesfalls sollten die leiblichsten Freuden, die des Bauches, hinter der Musik zurückstehen. Als Mozarts Frau Constanze in Kur war, schrieb ihr der Kompositeur: »Ich würde dir lieber zum Weinstein als zum Luftwasser raten.« Das ist Bauchfreude und Musik zugleich, denn im Luftwasser und im Weinstein findet sich, wenn nämlich der Wein getrunken und das Wasser herausdestilliert ist, der Luftstein, der Staub von den Sternen. Vielleicht ist es eines Tages der zerbröselte Mond, dann wird es zwar nur noch Musik auf der Erde geben, aber »Der Mond ist aufgegangen«, das liebste Lied der Deutschen, wie der Neusser Musikpädagoge Klusen herausgefunden hat, wird dann nicht mehr erklingen. Aber womöglich läßt sich die Zerstäubung der Welt in Musik doch noch rechtzeitig verhindern.

wenn die Sterne gleißen
Fluß und See vereisen
wenn die grünen leisen
Witwen wieder kreißen
wenn die armen Waisen
Haus und Hof zerschmeißen
wenn die sieben Geißen
ihren Wolf verspeisen
wenn die stolzen Weißen
bessre Zeit verheißen
wenn den Edelweißen
und den Paradeisen
Stumpf und Stiel zerschleißen
alle Stränge reißen
TEEs entgleisen
Totenvögel kreisen
und das letzte Eisen
los wird, wenn die Weisen
nach und nach vergreisen
und auf ihren Reisen
keine Wege weisen
sondern reisen preisen
kanns für dich nur heißen:
auf die Zähne beißen
auf die Zähne beißen

(Ich komme zu meiner Arbeit. Sie besteht aus dem Spiel. »Spielen ist experimentieren mit dem Zufall«, sagt Novalis, ein weiterer Gewährsmann. Wie steht es also mit dem Sinn? Der deutsche Sinn ist der tiefere Sinn und der höhere Sinn, aber ich weiß nicht, ob nun der tiefere der hohe oder ob der höhere Sinn der tiefe ist, es gibt den Sinn dahinter, den Sinn davor und den Sinn zwischen den Zeilen. Es wird tief geschürft und hoch gestapelt, aber Schillers Reich des fröhlichen Spiels, worin dem Menschen »die Fesseln aller Verhältnisse« abgenommen werden, und das ihn »von allem, was Zwang heißt, sowohl im Physischen, als auch im Moralischen entbindet«, wird mehr und mehr verdächtigt. Ich spiele trotzdem; ich habe es zwanzig Jahre lang als Volksschullehrer getan, ich werde weiterspielen.)

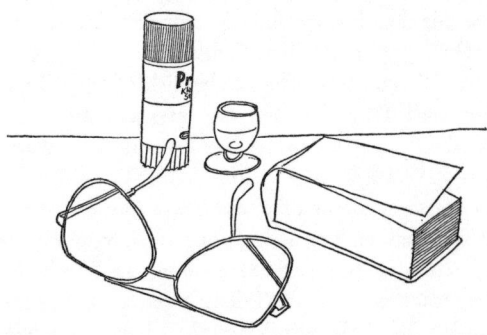

Mein realistisches Geschäft
Arbeitsplatzbeschreibung

Mein erster Arbeitsplatz war ein Küchentisch, mein zweiter eine kleine Schreibplatte, die mit Winkeleisen und Schrauben an der Wand befestigt war. Der Küchentisch war der Küchentisch in meinem Elternhaus, und die Schreibplatte befand sich bei Brigitte auf der Schmelz. Heute schreibe ich an einem richtigen Schreibtisch, mit zwei Schubladen an der linken Seite, mit Heftmaschine und Locher, mit Briefwaage und Prittstift, mit sonst allerlei Schreibwaren, aber auch mit einem Strauß Federröschen auf der polierten Platte. Was verschlägts?

Vom Küchentisch meiner Mutter habe ich hinaus in den Garten auf den Quittenbaum und die Himbeerhecken, von der kleinen Schreibplatte habe ich auf den Kirchplatz mit den gestutzten Platanen geschaut, und jetzt geht mein Blick auf das Penthouse mit dem blauen Balkon, auf dem in diesem Augenblick ein Grünspecht aus dem Gehlenbergwald Platz genommen hat. In Idstein habe ich auf den Schloßpark, in Urweiler auf Birken und Trauerweiden, in Paris auf die Häuserfront des Quai de Bourbon und in Berlin auf den Wannsee geschaut. Ja, was hats verschlagen?

Ich sitze nach wie vor über ein Blatt Papier gebeugt, ohne mich auf Quitten zu beziehen, ohne mich von Häusern und Wasser in Atem halten zu lassen, ohne den Specht und ohne die Federröschen mehr zu berücksichtigen als es für meine Arbeit nötig ist. Ich liebe die klassizistischen Fassaden der Ile Saint Louis und auch die Ufer des Wannsees, ich denke mit Wehmut an den Quittenbaum zurück, und auch der Duft der Federröschen läßt mich nicht ungerührt; aber meine Gegenstände sind realistischer, und da hilft die vorhandene und auch die gemachte Welt wenig. Meine Gegenstände sind die Wörter. Ich kann sie zwar nicht mit den Händen greifen, aber als erfundene Gegenstände des Gehirns sind sie nicht mehr aus der vorhandenen und nicht mehr aus der gemachten Welt zu schaffen.

An dem Küchentisch und an der Schreibplatte hatte ich es immer nur mit den Wörtern zu tun, und das hat sich mit dem perfekten Schreibtisch nicht geändert. Der Küchentisch war der einfache, mit Wachstuch bedeckte Tisch, an dem meine Mutter Kartoffeln schälte, Gemüse putzte, Zwiebeln schnitt und Weihnachtsplätzchen backte. Und so wie sie Ordnung herstellte beim Backen, Eier und Schmalz, Butter und Salz, Milch und Mehl, Safran macht den Kuchen gel, so stellte auch ich meine Ordnung mit den Wörtern her. Die Schreibplatte dagegen war ein kleiner, mit grünem Linoleum belegter Wandtisch, und wenn ich daran saß, war Brigitte immer gegenwärtig, so weiß wie Schnee, so rot wie Blut und so schwarz wie Ebenholz. Nun könnte man das Grün des Linoleums leicht für das Grün einer Wiese und den mit grünem Linoleum belegten Tisch für eine Märchen- oder eine Spielwiese halten, auf der mit Wörtern »Katz und Maus« oder »Wer fürchtet sich vorm schwarzen Mann« gespielt wurde.

Und tatsächlich, mit den geordneten Wörtern spiele ich »Katz und Maus«, aber nicht allein, um zu spielen, und ich spiele »Wer fürchtet sich vorm schwarzen Mann«, nicht nur aus purem Übermut. Ich sitze an meinem Schreibtisch, der geordnet ist wie meiner Mutter Küchentisch und eine märchenhafte Spielwiese ist wie die kleine Schreibplatte, um die Brigitte herumging, und es geschieht etwas Sonderbares. Zuerst gibt es das weiße Blatt Papier. Dann kommt es zu »Wortanfällen«, wie Elias Canetti sagt, »nämlich daß es die Wörter selber sind, die einen nicht loslassen, die einzelnen Wörter an sich«, und den Wortanfällen folgen Schreibzwänge. Diese Schreibzwänge bringen mich an meinen Schreibtisch zurück, wenn ich gerade am Fenster stehe, vielleicht ist es neurotisch und ich bin verrückt.

Wie einer, der unter Waschzwang leidet, fortwährend sein Waschbecken, und wie jemand, der unter Koch- und Backzwang leidet, unausgesetzt seinen Küchentisch aufsucht, so eile ich an meinen Schreibtisch, der einmal ein Küchentisch und eine Schreibplatte gewesen ist, und nehme den Kampf mit den Wörtern auf. So kommt meine Literatur vom Küchentisch her, wegen meiner Mutter, und ist auf der anderen Seite ein ganz märchenhafter Vorgang, wegen Brigitte und ihrer Gegenwart. Der Backzwang meiner Mutter, vorwiegend zu Sonn- und Feiertagen, ließ es zu Kuchen und Pfeffernüssen, zu Zimtwaffeln und Anisplätzchen kommen; auch ich möchte, daß ich es mit meinem Schreibzwang zu etwas Einverleibenswertem bringe. Wenn ich mit meinen Wörtern so etwas anstellen könnte wie der jüngste Königssohn mit dem Wasser des Lebens, das wäre mein Wunsch!

Daß nämlich jedermann gesund wird und in eine schönere Zukunft heimkehrt, wenn er meine Wörter zu sich nimmt, wie der alte König, der von dem Wasser des Lebens getrunken hatte. Aber die Gefahr ist groß, das Wasser des Lebens zu suchen, und es ist sehr schwer zu finden. Man braucht dazu eine eiserne Rute, um an das Tor zu schlagen, damit es aufspringt, und man braucht zwei Laibchen Brot, um die Löwen abzulenken, die den Brunnen bewachen. Und was noch schwerer wiegt, man muß es finden, bevor es zwölf geschlagen hat, das heißt, man muß beizeiten aus dem Bett und den Vormittag nutzen, und wenn man sich nicht sputet, dann schlägt einem das eiserne Tor noch ein Stück von der Ferse ab.

So springe ich mit der ersten Sonne aus dem Bett, denn ich möchte die Morgenstunde recht lange nutzen und auch meine Ferse noch eine Weile behalten. Ja, wenn ich mit meinen Wörtern jemanden retten könnte! Die Prinzessin habe ich schon erlöst, aber da warten auch schon die neidischen Brüder, um das Wasser des Lebens mit Meerwasser zu vertauschen. Nein, es ist vielleicht wirklich zu schwer! Andererseits wissen die hämischen Brüder nicht den richtigen Rückweg, der eine geht lieber rechts und der andere lieber links von der Straße, sie getrauen sich nicht, in der Mitte zu gehen, auf dem goldenen Pflaster, und das wüßte ich natürlich, da würde ich gehen, ohne daß es mir jemand sagen müßte.

Aber inzwischen sitze ich noch immer an meinem Schreibtisch über ein weißes Blatt Papier gebeugt und ringe mit den Wörtern. Nun muß ich, um ganz genau zu sein, sagen, daß das weiße Blatt Papier nur auf der Oberseite weiß ist, nämlich dort, worauf ich schreibe. Auf der Unterseite ist mein Papier zumeist bedruckt, und es ist, wie die euphemistischen Schriftsteller sagen, nicht mehr jungfräulich. Ich handele also an entjungfertem Papier, aber ich tröste mich, denn die Wörter, an denen ich handele, haben längst ihre Unschuld verloren. Die Defloration ist ein blutiger Akt, aber ich möchte aus meinem Schreibtisch keinen Operationstisch und aus meiner Feder, die so phallisch geformt ist, keinen Mutunus Titunus machen. Ich möchte an meinem Schreibtisch keine Deflorationen vornehmen, ich möchte mich nicht an Blättern vergehen. Die Blätter, auf denen ich schreibe, sind längst entblättert, und so brauche ich nicht die narzißtischen Gefühle jungfräulichen Papiers zu verletzen. Mein Papier hat Glück, ich streichle es mit meiner Feder, und weil es längst zur Wollust erweckt ist, antwortet es befriedigt. »Der Genuß an der Spitze der Feder«, von dem Max Bense spricht, wird uns beiden zuteil, mir und meinem Stück Papier, »das Schreiben als epikuräischer Umweg des Denkens« läßt keine Machtausübungen zu.

Und so habe ich an meinen verschiedenen Schreibtischen immer wieder Umwege gemacht, und immer wieder haben diese Umwege dazu geführt, daß ich just dann meine Wortanfälle bekam, wenn gerade keine Dinge bei der Hand waren, mich von ihnen abzulenken. Im Oberdorf, am Küchentisch, angesichts der Quitten und Himbeeren, habe ich von Meer und Maquis, auf der Schmelz, an der Schreibplatte, gegenüber den gestutzten Platanen, habe ich von Bordeaux und Montaigne geschrieben, am Gehlenberg, an meinem richtigen

Schreibtisch, mit Blick auf Beton und einen blauen Balkon, schreibe ich vom Wannsee und von allerlei Anwandlungen der Lust und habe kein Ding bei der Hand, das mich anderweitig beschäftigt. Ich sitze beim ersten Sonnenstrahl an meinem Schreibtisch, über das weiße Blatt Papier gebeugt und rühre mich nicht von der Stelle. Ich schreibe Wörter auf das Blatt Papier, die allesamt Dinge und Gedanken bedeuten, aber ich weiß, daß durch das Aufschreiben dieser Dinge und Gedanken die Dinge und Gedanken selbst sich nicht wieder einfinden. Die Wörter sind Haken, Häkelnadeln, mit denen ich Sätze zuwege bringe, feine Gespinste, Schleier, die ich über die Dinge und die Gedanken werfe. Oder nehme ich mit den Haken die Schleier, die ein anderer über sie geworfen hat, von den Dingen und den Gedanken wieder weg?

Was ist das für ein Geschäft?

2

Ich sitze an meinem Schreibtisch, ackere und feile, und mein »Anteil der Arbeit an der Menschwerdung des Affen«, um mit Friedrich Engels zu sprechen, ist gar nicht so knapp bemessen. Ich habe nämlich einen Stift in der Hand und lege mich auf meine Weise mit der Natur an. Ich ackere zwar keinen Boden und feile auch kein Eisen, aber ich ackere und feile auf meine Art; und die Späne und der Mist, die bei meiner Arbeit abfallen, vernutze ich genau so wie der Bauer und der Schlosser, »auf daß nichts umkomme«. Das nenne ich ein realistisches Geschäft.

Aber indem ich ackere und feile, ackere und feile ich nicht wirklich, sondern zum Schein, und doch wieder wirklich, weil dieses scheinbare Ackern und Feilen mit Wörtern geschieht, die genau so wirklich sind wie der Boden und das Eisen. Die Wörter, das ist der einzige Unterschied, und ich müßte das Geschäft, um diesen Unterschied hervorzuheben, eigentlich Schreiben nennen. Aber dabei bleibts ja nicht, und deshalb wäre auch das ungenau.

Ich schreibe, indem ich ackere und feile, und ich ackere und feile, indem ich schreibe, und der Riß, der zwischen dem einen und dem anderen hindurchgeht, diese »reale Bruchstelle« zwischen dem Ackern und Feilen mit Egge und Feile einerseits und dem Ackern und Feilen mit dem Schreibstift andererseits, ruft auch in meinem Geschäft etwas hervor, das anderswo als Dialektik auftritt: ein Satz ruft seinen Gegensatz, eine Meinung ruft ihre Gegenmeinung, ein Spruch ruft seinen Widerspruch, ein Sinn ruft seinen Gegensinn hervor. Auf diese paradoxe Weise produziere ich mein Leben, wie jeder andere das seine.

Das Schreiben, mein realistisches Geschäft, bringt eine Ware hervor, die nützlich ist, eine »weltlustige Ware«, wie Karl Marx sagen würde, die sich leider nur sehr schwer mit dem Eisen vergleichen läßt. Aber wenn meine Ware in die bekannte Zirkulation eintritt, dann unterliegt sie, genau wie ein Quarter Weizen oder zwanzig Ellen Leinwand, wie eine Familienbibel oder einige Flaschen Kornbranntwein dieser Verwandlung, die Karl Marx zuerst »Metamorphose« und »Transsubstantiation«, dann »Formwechsel« genannt hat, wenn nämlich die Ware ihr »Salto mortale schlägt« und der Warenwert aus dem »Warenleib« in den »Goldleib« und aus dem »Goldleib« in einen anderen »Warenleib« »überspringt«.

Was ist passiert?

Wenn der Leineweber seine zwanzig Ellen Leinwand einem Bauern verkauft und mit dem erzielten Geld, das jener von seinem Verkauf des Quarters Weizen erhalten hatte, eine Familienbibel kauft, der Bibelbesitzer seinerseits mit dem für die verkaufte Bibel erhaltenen Geld ein paar Flaschen Kornbranntwein ersteht, dann schließt sich der Kreis einer realistischen Bedürfnisbefriedigung. Es ist Wärmebedürfnis, das entweder durch eine körperliche Erbauung in Form einer Leinwand, durch seelische Erbauung in Form einer Bibel oder durch spirituelle Erbauung in Form von Branntwein befriedigt wird. Das ist ein Beispiel von Marx, und in seiner permutationellen Dialektik finde ich mein realistisches Geschäft beschrieben und bestätigt.

Indem ich nämlich verfolge, wie die Ware als Nichtgebrauchswert des einen zum Gebrauchswert des anderen und wie sie als Nichtgebrauchswert des anderen zum Gebrauchswert des einen wird, wie verkauft wird, um zu kaufen, wie gekauft wird, um zu verkaufen, wie die Ware zu Geld und wie das Geld zur Ware wird, wie also der Idealisierung des realen Gebrauchswerts die Realisierung des ideellen Gebrauchswerts folgt, gerate ich unversehens in eine Warenwelt aus Wörtern, worin das Geld »die Preise rückwärts liest«: die Preise werfen »Liebesaugen«, die Ware »häutet sich«, sie »verpuppt sich« und »wandert als Goldchrysalide den Weg alles Fleisches« in diesen alles »absorbierenden Marktmagen«, ach! diese »sich hingebenden Warenleiber«, alles Metaphern von Marx.

Wörtlich heißt es: »Der Bibelagent, der dem Kühlen Heißes vorzieht, dachte nicht daran, Leinwand für Bibel einzutauschen, wie der Leinweber nicht davon weiß, daß Weizen gegen seine Leinwand eingetauscht worden ist.« Das ist der Kreislauf »unkontrollierbarer, gesellschaftlicher Naturzusammenhänge«: »Der Weber kann nur Leinwand verkaufen, weil der Bauer Weizen, Heißsporn nur die Bibel, weil der Weber Leinwand, der Destillateur nur gebranntes Wasser, weil der andere das Wasser des ewigen Lebens bereits verkauft hat.«

Das ist meine eigene realistische Lage. Ich verkaufe auch das »Wasser des ewigen Lebens«, meine »weltlustige Ware«, und mit dem Branntwein, der an seiner Stelle über meine Lippen tritt, bin ich schon bei der zweiten Metamorphose meines »gesellschaftlichen Stoffwechsels« angelangt. Wenn Brecht sagt: »Der Realismus zeigt nicht die wirklichen Dinge, sondern die Dinge, wie sie wirklich sind«, hat da Lenin noch recht mit seiner »Widerspiegelungstheorie« einer Realität, »die von unseren Empfindungen kopiert, photographiert, abgebildet wird und unabhängig von ihnen existiert«, was man den »sozialistischen Realismus« nennt?

Ich betreibe mein realistisches Geschäft, wie ich es verstehe, und ich denke dabei auch an Karl Marx, einen Landsmann von der Mosel, der es nicht von ungefähr mit der Bibel und dem Branntwein, der es aber auch nicht von ungefähr so frühzeitig mit der Leber zu tun bekam. Sein Großvater Meier Halevi Marx aus Saarlouis und seine Haushälterin Lenchen Demuth aus St. Wendel sind ihm im Leben entgegengetreten, heitere natürliche Geschöpfe von der Saar, und nicht von ungefähr hatte Marx die Vermenschlichung der Natur und die Vernatürlichung des Menschen im Auge. Ich sehe das als mein eigenes realistisches Geschäft an, auch wenn Wolfgang Harich, der aber aus Königsberg und von weit her ist, »dem Heißen das Kühle« vorziehen und einen solchen landschaftlichen, ja familiären Realismus für eine »Schnurrpfeiferei« halten und von seiner höheren Warte aus vielleicht sogar recht haben würde.

Aber mein realistisches Form- und Stoffwechselgeschäft mit Wörtern ist so autark, daß ich sogar meine Produktionsexkremente auf ein Minimum reduziere und bis zu einem Maximum vernutze. Auf diese Weise komme ich auf Boden und Eisen, auf Ackern und Feilen, auf den Mist und auf die Späne, auf die menschliche Losung und auf Lumpen und Plunder zurück. In diesem Doppelspiel von Tun und Lassen entdecke ich mein realistisches Geschäft. Ich denke dabei nicht an erfundene Helden, nicht an den vorbildlichen und nicht an den abschreckenden, aber auch nicht an den Helden als Einfühlungsobjekt, der nach schweren göttlichen oder gesellschaftlichen Aufträgen handelt. Denn, wie Brecht sagt, »die Welt scheint uns schon unzulänglich reproduziert, wenn sie nur im Spiegel der Gemütsbewegungen und Reflexionen von Helden erscheint«, ganz gleich, ob er nun, wie in der Mitte der dreißiger Jahre, »Der Vater«, oder ob er, wie in der Mitte der siebziger Jahre, »Die Mutter« heißt.

Ich denke an realistische Wortgeschäfte, die auch Naturgeschäfte, und an Naturgeschäfte, die auch Wortgeschäfte sind,
wo nämlich der sprechende Mensch als lebendiger Mensch und
der lebendige Mensch als sprechender Mensch nicht länger in
Vormachungen und Nachahmungen verkümmert, sondern
»seinen Anteil . . . an der Menschwerdung« hervorkehrt, seine
Sprache, und auch dem Boden wieder genügend Düngung an-
gedeihen läßt.

Dieses realistische Doppelspiel von Bewußtsein und Leben
zielt nicht auf das hermetische Fertigprodukt, sondern kann
offen auftreten, wie im ZEITmagazin Nr. 16/1975, wo auf
der einen Seite, in einem Gespräch zwischen Christian Schultz-
Gerstein und Karin Struck dargestellt ist, wie Karin Struck
nicht den anthroposophischen Puritanismus, aber auch nicht
»jenen rauschhaften Genuß von Trinkern oder Fressern«, sondern »den unverfälschten, den absolut reinen Genuß«, vor
allem den von Gurken, quasi die Erlösung durch die Gurke,
anstrebt; und wo auf der anderen Seite, von Hans Haëm,
aber »nicht für Vegetarier«, den Cognac- und Schweinefleisch-
freunden, ein Gurkenrezept empfohlen wird, dessen Realisierung ausschließlich der gesellschaftlichen Vernutzung zugute
kommt.

Es muß nicht unbedingt der Prozeß dieser Dialektik von
Erlösung und Erleichterung sein, aber solange jedes gesellschaftliche Doppelspiel offenkundig wird, solange wird der
Mensch, offenen Auges und Ohres, nicht vor der Hand be-
herrschbar sein. Das zu bewirken, betreibe ich dieses realistische Geschäft mit den Wörtern.

3

Ich muß erklären, warum ich meine paradoxen und dialekti-
schen Doppelspiele nicht dort weiterbetrieben habe, wo ich
nicht nur einen Schreibtisch, sondern sogar ein Katheder zur
Verfügung hatte: in der Schule. Dort hätte ich obendrein Men-

schen vor mir gehabt, nicht nur den Beton und den blauen Balkon, und ich hätte tatsächlich »Katz und Maus« und »Wer hat Angst vorm schwarzen Mann« spielen können und dort hätte ich auch erklären können, warum wir »Katz und Maus« nicht nur wegen des Spielens allein und »Wer hat Angst vorm schwarzen Mann« nicht nur aus purem Übermut gespielt haben würden.

Aber ich habe nach zwanzig Jahren der Schule und meinem Katheder, das sogar auf einem Podium stand und mich zu einem Herren gemacht hat, den Rücken gekehrt und bin zu meinem Schreibtisch zurückgekommen, von wo aus ich nur Beton und den blauen Balkon und manchmal einen Grünspecht sehe, der sich dort niederläßt und zu mir ins Fenster hereinschaut. Warum?

Ich habe es getan, weil ich das Spiel für das Meine halte, und weil die Schule mir das Meine ein für alle Male verwehrt hat, von dem Augenblick an, als sie eine reformierte, eine effektive, also eine bessere Schule geworden ist. Diese neue Schule ist nämlich die Schule, die genauer als je zuvor zwischen der Unterrichtsstunde und der Pause unterscheidet, die sich darangemacht hat, sich in den wirtschaftlichen Konkurrenzkampf zu integrieren. Diese Schule ist mehr denn je eine Schule des vergangenen Jahrhunderts, denn sie wird eine Gesellschaft dazu befähigen, besser Ausbeutbare heranzubilden, Menschen, die nicht nur einen Arbeitstag, sondern auch einen Feierabend haben.

Ein Mann des 19. Jahrhunderts, David Friedrich Strauß, sagte: »Neben unserem Berufe suchen wir uns den Sinn möglichst offen zu erhalten für alle höheren Interessen der Menschheit«, und dieser Satz ist so recht der Aufruf zu Bildungshunger und Pausenstulle, für Zuckerbrot und Peitsche. Hier lernt eine Gesellschaft den Unterschied von Arbeit und Freizeit, von Arbeit und Spiel, von Ernst und Spiel, von Alltag und Festtag, von Tat und Muße. Aber Freizeit und Spiel, Festtag und Muße sind nicht gut angesehen, es sei denn, sie werden dazu verwandt, den Kolben zu ölen und den Zylinder zu lüften. Auf diese Weise ist der Spaziergang am Abend zum Lauf auf dem Trimmpfad, und ist das Buch in den Händen zur Fernsehillustrierten verkommen. Wir haben es zu kommunalpolitisch geförderten Kulturereignissen und zu gewerkschaftlich organisierten Freizeitprogrammen gebracht. Der Urlaub ist gestaltet, aber der Mensch ist verplant. Auf dem Steckenpferd aus dem Großeinkauf reitet er in den Hobbyraum und in den Schrebergarten, er ist zum Bastler und zum Kleingärtner geworden, was er eigentlich immer schon gern wollte, und wogegen niemand etwas hat, am wenigsten die, die am Montag auf den geölten Kolben und auf den gelüfteten Zylinder zurückgreifen möchten.

So bleiben die Gegensätze unaufgehoben, es gibt kein spielerisches Arbeiten und kein arbeitendes Spielen, der Mensch muß zuerst Vieh und dann darf er erst Mensch sein. Was kann ich dagegen tun? Am besten komme ich ohne Umschweife auf Bloch zu sprechen, der den ganzen Menschen und sein Glück beständig im Auge hat. Aber nicht jeder ist Picasso oder der Hans im Glück, der findet, ohne zu suchen, der in den fliegenden Koffer oder in die Galoschen des Glücks steigt, oder, wie das kleine Mädchen, gar keine großen Anstalten macht, sondern einfach sein Nachthemd aufhält, und hinein fallen die Sterne und sind lauter Taler.

Ich komme auf Bloch zu sprechen, der einen Willen zum Glück nicht ausschließt, dazu ist spielerischer Ernst und ist ernsthaftes Spiel notwendig, nicht einfach Geschicklichkeit, etwa Makel in Zierde zu verwandeln, wie Gracian von Cäsar berichtet, der »sein physisches Gebrechen, seine Glatze, mit dem Lorbeer zu bedecken wußte«, nein, das ist der freie Flug und das Reiten auf dem Rücken des Delphins. Was liegt an einer Glatze, wenn deine Muße eine tätige Muße und die daraus folgende Tat eine müßige Tat und folglich unbrauchbar und eine Korrumpierung der Arbeitswelt ist.

Bloch sagt: »Gesucht und gespiegelt wird das goldene Zeitalter, wo bis ganz hinten ins Paradies hineinzusehen war«, und er sagt: »Die Kunst, Gesang in den Lüften zu hören, erscheint dann nicht mehr als eine Flucht oder gar als interessierte Verhimmelung eines schlecht Vorhandenen: sie erscheint nicht mehr als voreilige Lösung gesellschaftlicher Widersprüche in leuchtendem Spiel, sondern der Vor-Schein des Rechten tritt weiterwirkend, als allein weiterwirkend hervor.«

Der blaue Balkon meinem Fenster gegenüber genügt mir schon, mein Auge zu schärfen für diesen Blick ins Paradies ganz hinten, und auch der Pfiff des Grünspechts reicht aus, mein Ohr empfindlich zu machen für diesen Gesang aus den Lüften. Geschärften Auges und empfindlichen Ohres sitze ich an meinem Schreibtisch, tagein tagaus, nüchtern und unbesorgt, und tue das Meine. Und da jeder nur das Seine und nicht das Gleiche tun kann, »ohne Entäußerung und Entfremdung«, komme ich immer wieder, wie Albert Camus, in die Versuchung, Handbücher des Glücks zu schreiben, nicht als Bonbons für die Sonntagsbeilage, sondern um einen Schein dieses Vor-Scheins zu geben. Ich bin immer noch bei Bloch. »Der Rat, Glück zu verachten, kommt vom Ausbeuter her«, und »Glück ist zum Unterschied vom Rausch das Zeichen, daß ein Mensch nicht außer sich ist, sondern zu sich und dem Seinen kommt.«

Also werde ich meinen Schreibtisch für eine Weile verlassen, damit nicht vor lauter Nüchternheit und Unbesorgtheit die Kälte zwischen die Blätter meiner Handbücher kriecht. Ich werde aus meinen Wörtern Feuer schlagen müssen, um diesen Schein des Vor-Scheins zu entfachen, und werde, sobald dieser Schein aufleuchtet, meine Stimme in die Luft über den Wolken schicken müssen. Potztausend, was ist geschehen? Da leuchtet schon der Vor-Schein auf, und meine Stimme schwingt im Äther, in diesem herderschen »Sensorium des Allerschaffenden«, auf Ultrakurzwelle, und sie ist in diesem Augenblick bei günstiger Geländestruktur bis zu hundert Meilen Entfernung und bei südlicher Kooperation bis an den Fuß des Gebirges zu hören. Und wenn es bei den Kopplungsmanövern von Apollo und Sojus einmal keine computertechnischen Handgriffe und keine elektrischen Schaltungen mehr zu geben braucht, wenn die historischen Händedrücke und die Wimpel ausgetauscht, wenn die gekoppelten Zustände stabilisiert und die Atmosphären ausgeglichen, wenn die Mitteilungen über den Charakter der Kopplungssysteme vonstatten gegangen und technischen Werte erst einmal übermittelt sind, wenn es nicht mehr so schwierig ist in der Gewichtslosigkeit an einem Tisch zu sitzen, dann wird mein Gesang über Land und Meer und im ganzen Universum zu hören sein, und ganz hinten aus dem Paradies wird endlich auch der Vor-Schein zu glänzen beginnen, damit es nicht bei »interessierter Verhimmelung« und bei »leuchtendem Spiel« zu bleiben braucht.

Doch wenn ich mich anschicke, mit meinen Wörtern den gesamten Weltraum zu illuminieren, dann muß ich achtgeben, daß es mir nicht so ergeht, wie es dem Kaufmannssohn mit dem fliegenden Koffer ergangen ist. Märchen erzählen, die tiefsinnig und belehrend zugleich sind und über die man obendrein auch noch lachen kann, so daß alle Türken in die Höhe hüpfen und ihnen dabei ihre Pantoffeln um die Ohren fliegen, schön und gut. Aber ich darf nicht einen einzigen Funken meines Feuerwerks unausgeglüht lassen, damit mein Koffer nicht Feuer fängt und zu Asche verbrennt.

Das wird gar nicht so einfach sein, denn diese Raketen des Vor-Scheins sind keine harmlosen Sylvesterschwärmer, keine Knallerbsen und keine Knallfrösche, die von selbst verlöschen und keinem wehtun. Wenn die Raketen des Vor-Scheins gezündet werden, dann ist es schon praktisch, fürs erste vor den Augen eine Schweißerbrille zu tragen und sich die Ohren mit Eisenblech auszufüttern. Aber Angst braucht man keine zu haben, denn wenn das Auge und das Ohr sich erst einmal an den Vorschein gewöhnt haben, dann geht es, wie jeder sehen kann, allmählich voran.

Die Biescher un es Läwe

»Du duscht an de Biescher kläwe«,
saat mei Vadder, »isch am Läwe.
Biescher, das sin Biescher äwe,
un es Läwe is es Läwe.

Zwische Biescher un em Läwe,
do dezwische do gäbts Gräwe.
Biescher, das sin Biescher äwe,
un es Läwe is es Läwe.

Do die Dippe, do die Häwe,
do die Biescher, do es Läwe.
Biescher, das sin Biescher äwe,
un es Läwe is es Läwe.

Awer nix leit so denäwe
wie die Biescher iwers Läwe.
Biescher, das sin Biescher äwe,
un es Läwe is es Läwe.«

»Vadder«, saan isch, »loß misch läwe,
guck, die Biescher brauch isch äwe,
weil, wenns gar kä Biescher gäwe,
is es Läwe dann noch Läwe?«

Wenn auch Joseph Beuys, als Apostel der »Anti-Kunst«, unlängst den Menschen ohne Kunst für nicht lebensfähig erklärte, wenn er dabei die Kunst zum täglichen Brot, zum unentbehrlichen Nährmittel der Seele erhob, dann sollten sich doch die wenigen Hochherzigen, die sich etwa zum Anhören eines Hörspiels zusammengefunden haben, nicht gleich für eine Abendmahlsgesellschaft halten. Denn obgleich natürlich hier wie dort Brot gebrochen und Worte gesprochen, oder vielleicht besser Brot getauscht und Worte gewechselt werden, wenn also so etwas wie eine Kommunion gefeiert wird, dann findet das alles doch allzu sehr nur zum Wahren einen Scheines statt, ich möchte sogar sagen, der Besitzer eines Rundfunkapparates, der seine Gebühren zahlt, entspricht an dieser Stelle genau dem Taufscheinchristen, der seine Kirchensteuer entrichtet.

Und trotzdem gibt es natürlich Oblaten fürs Ohr, die manch ein Erstkommunikant unvorbereitet auf das nüchterne Trommelfell nur sehr schwer verdaut hat. Aber die akustische Hostie, die vornehmlich in den Erbauungsprogrammen des Rundfunks verabreicht wird, ist nur ein einziger Artikel in der radiophonen Backwarenabteilung. Da gibt es Schrotbrot und Weißbrot, das heißt Roggenbrot und Weizenbrot, da gibt es Mischbrot, also halb Roggen-, halb Weizenbrot, oder in anderen Spezialmischungen, je nach Standort und Lage, Odenwälder Krusten-, Eifeler Land- oder Hunsrücker Bauernbrot, da gibt es Kommißbrot, Knäckebrot und Pumpernickel, es gibt Wasserwecken und Milchbrötchen, spanische bocadillos und englische Sandwichs, es gibt schlichte Gugelhupfe und raffinierte Bienenstiche, zarte Liebesknochen und herbe Nonnenfürze, so wie es eine Nachrichten- und eine Literaturabteilung, wie es Landfunk und Schulfunk, Kirchen- und Frauenfunk, wie es ernste und Unterhaltungsmusik, Chor- und Volksmusik, wie es vor allem, über allem, alles in allem das Hörspiel gibt. In ihm ist die Kost-, das heißt die Eßbarkeit allen Brotes vereinigt; und wer davon ißt, der mag seines unersetzlichen Nährwertes teilhaftig werden.

Nun ist das alles natürlich nicht ganz so einfach, wie es hier auf den ersten Blick aussieht. Gewiß, die Herstellung der Ware in den Studios, ihre Verteilung über den Sender, die Regulierung des Marktes durch Hörerpost und Interessenverbände, die ausgewogene Merkantilität in den Programmen, alles so wie es Heinz Hostnig einmal beschrieben hat, funktioniert, so wie ich es sehe, ohne jeglichen Verlust an medialem Image. Aber wie sieht es aus mit der wirklichen Rentabilität, ich meine, was hat der Hörer davon, was ist genießbar und verdaulich, und was ist auf tiefere und innerlichere Weise nahrhaft an diesem Brot? Konsumiert er das fix und fertige Produkt (»wo man Stücke vorgesetzt bekommt, auf daß man sie goutiere«, wie Dieter Schnebel vergleichsweise von der Musik in Konzertsälen spricht), oder nimmt er etwas zu sich, was erst in seinem Ohr zu ungesäuerten Matzen wird?

Genau an dieser Stelle, wo das vielbesprochene Wechselspiel zwischen Produzent und Konsument beginnt, wo sich vor allem das nicht mehr so sehr angesehene Verhalten des Kulinarischen, oder gar des Lukullischen zeigt, wo epikuräische Wollüste des Genießens auftreten, kurzum, wo die Hirten und Dompteure gegen die Futterverwerter angetreten sind, gewinnt das Hörspiel seine volle Bedeutung nicht einfach als eß-, sondern als kostbare Ware zurück. Mir kommt es nun besonders auf diesen feinen Unterschied an, und man wird hier schon unschwer bemerkt haben, daß ich selbst ganz und gar nicht zu Altbackenem und Karo einfach neige, das man nur zum Zwecke des Mästens zu sich nimmt. Nein, ich möchte gern den Futterverwerter wieder zu Ansehen bringen, das heißt, ich möchte den Wert im Verwerten neu entdecken; und zwar nicht in dem Sinne, daß man den Wert des Verwerters nur im Schlachtvieh sieht, sondern darin, daß man den angesetzten

Speck als wohlerworbenes Gut betrachtet, das schon nach außen hin die animalische Umsetzung des Genossenen zeigt. Ich bin entschieden gegen die unmenschlichen Diätkuren, deren Verfechter das Verwerten in jedem Sinne so interpretieren, als sollten sekundäre Standards idolisiert werden. Was hat man von einem Hörspiel, dessen Nährstoffe gleich wieder aus den Rippen geschwitzt werden? Auch an akustisch gewonnener, purer Seelenmuskulatur, an diesem Bodybuilding durch radiophonen Leinsamen, sehe ich keinen Gewinn.

Also: das Hörspiel als Brot fürs Ohr, da ja das Auge dem Trinken vorbehalten ist, wie Gottfried Keller, auch ein Dichter deutscher Zunge, gesagt hat. Nun wird mir, um noch einmal auf den Wert zurückzukommen, diese Aufwertung des Hörspiels zum lebensnotwendigen Nährmittel natürlich nicht unwidersprochen abgenommen werden. Ich weiß, die Kritik am Hörspiel kommt von zwei Seiten, den einen ist es zu billig, den anderen zu teuer. Die, denen es zu billig ist, mäkeln und stochern darin herum, sie sind im Grunde die mit auditiven Magengeschwüren, oder richtiger vielleicht mit Paukenhöhlendefekten Behafteten, ihnen fehlen die notwendigen Säfte, das was im wörtlichen Sinne den Humor ausmacht, sie haben das Spielerische des Spiels im Hörspiel nicht recht begriffen, sie verkennen, daß im Hörspiel nicht unbedingt die Sprache, oder ein Autor mit der Sprache, sondern vor allem der Regisseur und der Tonmeister und alle die am Herstellen dieses Spiels Beteiligten mit dem verfügbaren Instrumentarium des Studios spielen sollen. Natürlich wird ein solches Spiel aufbereitet, ohrgerecht gemacht. Denn wer kräftig mit dem Ohre essen will, der darf nicht ohrfaul sein. Diejenigen aber, denen das Hörspiel zu teuer ist, sitzen in den Honorarabteilungen der Rundfunkanstalten, und sie ahnen schon zu Recht, daß das Herstellen dieses Brotes fürs Ohr eine Kunst sein muß, aber sie wissen, daß es eine kostspielige, keinesfalls eine brotlose Kunst ist.

Gut, ich komme wieder aufs Brot zurück, welches, geschnitten und abgeschmeckt, schließlich aus einer großen Schüssel gehört wird. Man kommt dabei ganz ohne Messer und Gabel aus, die ihrerseits allerdings immer noch dazu benutzt werden, Mahlzeiten zu zerlegen, obgleich sie denkbar ungeeignete Instrumente sind, wirkliche Kostbarkeiten auseinanderzunehmen, deren Konsistenz entmaterialisiert und verwandelt wurde. Diese gleichen Bestecke, die vor allem gern von Kritikern benutzt werden, haben ja auch schon versagt, als man sich damit so sichtbare Objekte wie etwa die *Flugzeugfressenden Gärten* von Max Ernst oder den *Flaschentrockner* von Marcel Duchamp einzuverleiben versuchte. Diese Gebilde, und man wird es immer erleben, haben auch schon wieder mit dem Essen und Trinken zu tun; aber dort das Augenwasser wie hier das Ohrenschmalz treten quasi als Ptyaline und Pepsine auf, und im gleichen Augenblick wird sinnfällig, daß so sperrige Instrumente wie diese anorganischen am Ende versagen müssen.

Noch einmal: das Hörspiel als Brot fürs Ohr. Aber nun wird man schon unschwer bemerkt haben, wie wenig es mir darauf ankommt, von einem Produkt zu sprechen, das man beim Abendbrot bei Ei und Fernsehzeitung einfach hinunterschlingt. Im Gegenteil, dieser Vorgang der Einverleibung ist allein entscheidend für Wohl und Wehe, obgleich es nicht gleichgültig ist, welche Beschaffenheit die Ware besitzt.

So trifft, aus dem Bereich der Musik in den des Hörspiels gewendet, ein weiteres Wort Dieter Schnebels zu, daß nämlich in derlei Stücken auch Sprache nichts mehr Fertiges ist. Diese Stücke werden »zu einem Unbekannten, das erst herauskommt, sei es aus irgendwelchen amorphen Klangvorgängen, sei es aus dem, was Natur erzeugt, oder dem, was Menschen hervorbringen, sei es, daß sie der geplanten Prosa eines Computers, der gesteuerten Improvisation von Interpreten oder einfach einem produktiven Hören entspringt«.

Wenn ich nun ein solches Hörspiel etwa *Katzenmusik* nenne, dann möchte nicht ich alleine es sein, der sich darüber lustig macht, wenn irgendjemand das, was schließlich hörbar geworden ist, ausschließlich als mißtönende Musik, als heulendes Elend versteht, wie man sich ja auch zum Beispiel davor hüten soll, ein Katzenauge für nichts als einen Rückstrahler am Fahrrad oder eine Katzenzunge lediglich für eine zarte Milchschokolade zu halten.

Denn indem alle Wörter eines solchen Stückes zuerst einmal nur sich selbst bedeuten, geraten sie unversehens, vom vorbelasteten und verdorbenen Hörer aus betrachtet, in den Verdacht der »Bedeutungslosigkeit«, weil der geheime Wunsch unleugbar nach festgelegten, begrenzten, verstehbaren Zusammenhängen geht. Aber wenn das Wort »Katze« als häufigstes oder besser als auffälligstes Wort in viele verschiedene Verbindungen zu anderen Wörtern geraten ist, dann ist es eher die Fährte durch ein Gewirr von Wörtern hindurch, als daß es die »Katze« selbst bedeutet, die auf Samtpfoten durch eine verstellte Welt aus Dingen, die benannt sind, hindurchgeht. Hier ist nämlich die Katze nicht Vorwand für eine Geschichte, sondern Thema für Variationen. Aber auch diese sind nicht Variationen über dieses Thema, das schließlich doch wieder nach seiner Geschichte sucht, sondern über ein Thema, das die Sprache selber ist, aus der sich jeder, wenn er möchte, seine eigene Geschichte machen kann, wenn es unbedingt eine Geschichte sein soll. Nun ja.

Aber so wie es milchzarte Katzenzungen gibt, so gibt es auch hartes Schrotbrot fürs Ohr. Dabei läuft einem folglich nicht das Wasser im Ohr zusammen, sondern es wird gestopft mit dem groben Brösel aus der Hand. Und dieser liegt geraume Weile unverdaut im Hirn. Wenn ich mit Peter Hoch für ein neues Stück den Titel *Fuganon in d* nenne, dann zeigt schon dieser Titel an, daß das entstehende Stück von Bachs Fuge in d-Moll, die der *Kunst der Fuge* zugrunde liegt, ausgeht. Aber das Wort »Fuganon« ist aus verschiedenen Wörtern geschrotet, darin stecken feste, scheinbar unzerstörliche Gefüge, vorgeschriebene Nachahmungen, etwas von Werkzeugen, mit denen man Wirklichkeit aufbrechen möchte, um Wahrheit zu finden, doch auch Fluchten vor all dem, selbstverständlich auch vor der Eitelkeit dieser Metaphern. Und ebenso grob gemahlen ist das »d«, das sich nicht nur zu »dumm und dreist« verdauen läßt. Solche Wörter und Laute und von ihnen aus weiter zu hören, ist ein Spielen mit offenen Karten, ein Hören mit lockeren Brosamen; aber man soll das Ohr nicht gleich zu voll nehmen. Ein solches Hören ist ein Leben von der Hand ins Ohr; und dort ist eigentlich erst der Ort, wo das Stück entsteht.

Auf solch eine natürliche Weise wie dem akustischen Verdauen wird so etwas Künstliches wie ein Hörobjekt hergestellt, das allerdings, sobald es gehört worden ist, wieder zerfällt, um sogleich neu zu entstehen, hoffentlich anders als zuvor, wenn es zu einem zweiten oder zu einem dritten oder zu einem dutzendsten Male im Ohr sich zusammensetzt, was beweisen soll, daß weder der gedruckte Text noch die auf Magnetband festgehaltenen Stimmen und Geräusche das fertige Hörspiel bedeuten. Man sieht, wie sehr ich auf eine Aktivierung des Ohres aus bin, wie ich aber nicht nur Hammer und Amboß klingen lassen oder gar Steigbügel für Töne halten, wie ich nicht allein Trommelfell in Paukenhöhlen zum Schwingen bringen will, nein, ich meine, solange das Ohr nicht stillsteht, solange man nicht aufs Ohr gefallen ist, solange man sich das Ohr zerreißt, das Ohr verbrennt, niemand nach dem Ohre redet, Ohrharmonika spielt, den Ohrschenk nicht erwarten kann, gar Ohrraub begeht, ich meine, solange einem das Ohrwerk nicht still steht, solange ist Hörspielzeit.

So gewinnen nun solche schönen Worte wie Ohrenschmalz und Ohrenschmaus mit dem »Neuen Hörspiel«, wie es inzwischen genannt wird, ihr volle Bedeutung zurück. Und so wie ein Ohrstück als gesalzenes Schmalzbrot ein Schmaus sein kann, so kann es andererseits das Ohr beleidigen, kann einen Floh ins Ohr setzen, jemanden übers Ohr hauen, einem anderen in den Ohren liegen, einem nächsten hinter die Ohren schlagen. Ein übernächster schreibt sichs hinter die Ohren, oder er läßt die Ohren hängen, oder es kitzelt ihm in den Ohren, oder er legt sich mit ihm aufs Ohr. Man leiht ihm ein williges Ohr, man ist ganz Ohr, es geht von Ohr zu Ohr.

Aber schließlich und zu allem, wirklich und wörtlich zu allem Überfluß ist es sogar das Brot für zwei Ohren. Ich meine das stereophonische Hörspiel, das, wie Zöpfli und Birelli plastisches Kauen, tatsächlich plastisches Hören garantiert. Die Kritiker des Hörspiels, die ich das stereophonische Hörspiel oft »geschmäcklerisch« habe nennen hören, bedienen sich hier sogar eines gastronomischen Ausdrucks, womit ich sagen will, daß es gar nicht so einfach ist, der Terminologie zu entgehen, die ich von vornherein für die angemessene gehalten habe.

Ich bin von Joseph Beuys und dem Osterlamm ausgegangen; am Ende komme ich noch einmal darauf zurück. Denn weil ich das schlimmste vermute, weil ich fürchte, Ohrenzeugen heranwachsen zu sehen, die, hungernd und dürstend nach dem täglichen Brot fürs Ohr, vom Baum der Erkenntnis zu hören trachten – ich weiß, ich bin daran auch nicht schuldlos –, möchte ich die Dinge doch wieder zurechtrücken, falls das jetzt noch gelingt. Ich möchte dabei nicht die, die in aller Ohr sind, wieder ohrtot machen; nein, aber ich möchte eine radiophone Religiosität verhindern helfen, von der ich fürchte, daß sie eines Tages ihre Opfer fordern könnte. Man stelle sich vor, das Brot im Ohr verwandele sich in Götterspeise! Und eine Stimme sagte: Ich bin das Brot des Lebens. Und schließlich hieße es: Sammelt die übrigen Brocken, auf daß nichts umkomme. Alle wären satt, das wäre das Ende. Das wollen wir nicht, weil wir ja davon leben, im doppelten Sinne.

Aber was hilfts? Selbst wenn wir alle heidnische Wüstlinge wären, unersättliche Baals anstatt fromme Kommunikanten, selbst wenn wir mit Brechts Baal im Sterben sagen würden: Es schmeckt mir, dann hätten wir ja auch nach der Verwandlung geschrien. Der Holzfäller sagte zu Baal: Feinschmecker! Das war ihm Brot fürs Ohr.

wer nicht hören will muß fühlen
wenn der vogel hört dann singt er nicht
vogel hör oder stirb
hören währt am längsten
wenn zwei sich hören freut sich der dritte
wer einmal hört dem glaubt man nicht
höre in der zeit so hast du in der not
wer nicht hören will braucht auch nicht zu essen
wer nicht hört zur rechten zeit der muß essen was
                                  [übrig bleibt
wer den pfennig nicht ehrt ist das hören nicht wert
wer zuletzt hört hört am besten
hören ist seliger denn nehmen

Sooft ich das Wort »ich« gebrauche, bin ich im Recht. Ich bin persönlich und sage: ich habe eine Familie. Ich beziehe auf mich zurück und sage: ich freue mich, ich habe eine Familie. Ich zeige Besitz an und sage: mein Schatz ist prima, ich freue mich, ich habe eine Familie. Ich beziehe auf Gegenseitigkeit und sage: wir lieben einander, mein Schatz ist prima, ich freue mich, ich habe eine Familie. Ich frage und sage: wer? du und ich, wir lieben einander, mein Schatz ist prima, ich freue mich, ich habe eine Familie. Ich weise hin und sage: diese Glücklichen! wer? du und ich, wir lieben einander, mein Schatz ist prima, ich freue mich, ich habe eine Familie. Tolstoj schrieb in Anna Karenina: alle glücklichen Familien gleichen einander.

Wittgenstein sagt: denk nicht, sondern schau! Aber diesen Sätzen, denen jedermann unschwer ansieht, daß sie eine Reihe von grammatischen Erfindungen sind, sitzt der arme betrogene Leser dennoch auf, weil er der Meinung ist, ein Kamel sei ein Kamel. Dieser Satz ist nämlich auch eine grammatische Erfindung, aber sie bedeutet nicht allein sich selbst, sondern darüber hinaus etwas anderes. Daran ist Tiervater Brehm nicht ganz schuldlos, der behauptet hat, das geistige Wesen dieser Tiere stünde auf ziemlich tiefer Stufe, sie seien dumm und boshaft, obwohl sie sich mit einer gewissen Entsagung leicht unter das Joch des Menschen beugen ließen. Ich sage: der betrogene Leser, der natürlich nur als Leser betrogen ist, fällt auch auf Brehms Verleumdung herein und hält eine »unschöne Gestalt und namentlich einen auffallend häßlichen Kopf, dessen Augen von erschrecklich blödem Ausdruck sind«, nicht für die Beschreibung eines Menschen.

Das Kamel gehört nämlich zur Familie der schwielensohligen Wiederkäuer, und zwar mit Dromedar und Trampeltier, aber auch zur Familie des Rindviehs, wie Hornochs und Büffel, wie Kalb und Kuh, denen sogar Esel und Schaf, Huhn und Rhinozeros hinzugerechnet werden müssen. Nun gibt es natürlich auch Wiederkäuer und Papageien mit Schwielen an den Sohlen, die nicht in der Wüste laufen, genau so wie es Rindviecher wie zum Beispiel die kräftigen Pinzgauer und die trefflichen Rotbunten von der Marsch gibt, von denen man, nachdem sie gemolken worden sind, ohne Hintergedanken sagen kann, sie hätten ihre Milch gegeben. Man sieht also, wie Tierfamilien und Wortfamilien nicht zweierlei zu sein brauchen, was uns die Zoologen und die Grammatiker gern glauben machen möchten. Im Gegenteil, man erkennt die Familienähnlichkeiten, aber diese sind nicht ein für alle Male festgelegte und begrenzte Eigenschaften, sondern grammatische Erfindungen, die das Regelbuch oftmals als Ausnahmen anerkennen muß.

Nun ist mein Schatz außerhalb des Satzes natürlich keine grammatische Erfindung, sondern ein Wesen aus Fleisch und Blut. Ihre Familienähnlichkeiten, ihr Wuchs, ihre Gesichtszüge, ihre Augenfarbe, ihr Gang und Temperament sind also ganz andere Familienähnlichkeiten wie die zwischen Madame de Chevigné, oder Madame Greffulhe, oder Madame Straus und der Herzogin von Guermantes. Die Herzogin besitzt die roten Schuhe der Madame Straus, die Eitelkeit der Madame Greffulhe und die grünen Augen der Madame de Chevigné, von denen Proust jedoch sagt, sie seien so blau wie ein Sinngrün, das man nicht pflücken kann. »Ich werde Ihnen Photographien von ihr zeigen«, sagte Proust zu einem Freund, »Madame ähnelt ihnen einzig und allein in dieser Minute, ... es gibt keinerlei Schlüssel.« Die Wirklichkeit der Herzogin ist folglich die Wirklichkeit der Sätze, in denen Proust von ihr spricht, und ihre Familienähnlichkeiten sind grammatische Eigenschaften, aus denen sich Prousts Wahrnehmungsstil ergibt. Nur in Sätzen, deren grammatische Formen einander ähnlich sind, kehrt er zum Weißdorn zurück. Auch auf den Spazierfahrten nach Marchéville sucht er keine Wesen aus

Fleisch und Blut, sondern die Kunstfigur. »In Gestalt von Worten« war ihm aufgegangen, »daß das, was hinter den Türmen von Martinville verborgen war, einem wohlgelungenen Satz entsprechen mußte.« So sind es wohl vor allem nur die Kritiker und die von ihnen betrogenen Leser, die in den Romanen nach Wesen aus Fleisch und Blut verlangen. Sie halten die Kunstfiguren nicht für echte, sondern für vorgetäuschte Wirklichkeiten und bedauern Blutleere und Blässe als klinische, nicht als grammatische Anämien, was ja schließlich auch in der Familie liegen kann.

Kurzum, die Kunstfigur ist aus Sprache gemacht. Und auch hier folge ich wieder einer Beobachtung Wittgensteins, dem alles, womit der Mensch als Mensch umgeht, nur in und durch die Sprache möglich ist. Es heißt: man kommt nie über die Sprache hinaus. Sie ist die ursprüngliche Wirklichkeit, die einfache Unmittelbarkeit, sie ist ganz oberflächenhaft, ohne Probleme, ohne Hintergründe, sie macht die Philosophie gleichgültig und überflüssig. Es heißt: sie ist ein technisch gekonntes Regelsystem. Doch indem man Regeln benutzt, begibt man sich in ein Spiel. Nicht durch Verstehen, sondern durch Einübung gelangt man in ein solches Spiel, das man ein Sprachspiel nennt. Man spielt sich anhand von Beispielen in seine Möglichkeiten ein. Ein Sprachspiel wird nicht erklärt, sondern gespielt, sagt Walter Schulz. Seine Regeln sind die Formen der Wörter und Sätze, aber auch ihr Zerbrechen und Neumachen, was folglich auch ein neues Sichzurechtfinden erfordert.

Grammatik und Syntax übernehmen im Sprachspiel die Funktionen von Taktik und Strategie. In gezielten Operationsplänen regeln sie das Spiel, das als nicht festgelegter Vorgang natürlich immer neue Weisen der strategischen Vorbereitung und des taktischen Verhaltens verlangt. So greift das Sprachspiel in die Bereiche anderer Spiele über, die nicht nur der Unterhaltung und der Körperertüchtigung, sondern oft auch der Machtausübung und Vernichtung dienen. Aber

Kriegsstrategien werden von Friedensstrategien abgelöst, und John von Neumanns »Theorie der Gesellschaftsspiele« führte schließlich zu einer allgemeinen Theorie der Spiele, die wirtschaftliches Verhalten und politisches Entscheiden untersucht.

Alle diese Spiele tragen ähnliche Züge wie eine grammatische Erfindung über meinen Schatz, eine wörtliche Untersuchung über Wiederkäuer und Rindviecher, oder eine künstliche Begegnung mit der Herzogin von Guermantes. Wittgenstein sagt: Das Ergebnis dieser Betrachtung lautet nun: Wir sehen ein kompliziertes Netz von Ähnlichkeiten, die einander übergreifen und kreuzen. Ähnlichkeiten im Großen und Kleinen. Ich kann diese Ähnlichkeiten nicht besser charakterisieren als durch das Wort ›Familienähnlichkeiten‹; denn so übergreifen und kreuzen sich die verschiedenen Ähnlichkeiten, die zwischen den Gliedern einer Familie bestehen: Wuchs, Gesichtszüge, Augenfarbe, Gang, Temperament, etc. etc. Und ich werde sagen: die ›Spiele‹ bilden eine Familie.

Meine Familie heißt »Familie Dupont«. Es ist die Familie, die auf grammatische Weise in den 80 Lektionen des Lehrbuchs für französische Sprache von Louis Marchand entsteht. Genau nach der Anmerkung des Vorworts, »daß jeder Satz (mit Ausnahme des ersten) nur *ein* unbekanntes Wort enthält«, wächst eine Wort-Familie heran und wird groß und kräftig durch Attribute und Epitheta. So wie jedoch ein ständiger Zuwachs an Wörtern und Formen diese Familie Dupont und die Welt, in der sie erscheint, nach und nach erweitert, so tanzen diese Wortfiguren in kleinen und großen Sätzen aus der Reihe, fügen sich zusammen, verbinden sich und ergänzen sich zu neuen Familien. In diesen neuen Satzgefügen und Satzverbindungen spielen die Wortfamilien ihre Spiele, und zwar nach allen Regeln der Kunst. Die Wörter spielen sich auf, es spielt sich etwas in ihnen ab, sie spielen etwas an, spielen anderen etwas zu, und die Satzergänzungen im Wesfall weisen den Leser als des Lesens kundig aus. Er stolpert auf diese Weise nicht blindlings in einen Satzbruch hinein, und wenn

Opa Dupont seine Satzglieder reckt, verfolgt man Wesen und Leistung seiner Gliedteile mit gleicher Aufmerksamkeit, wie man seine schwankenden Rektionen genießt. Schließlich führt die Martignac'sche einen Geschlechtswechsel herbei, und am Ende findet sogar der Geschlechtswandel seines Speeres statt, aber durch Analogie von der Sache her.

Ich kehre lieber zum Anfang zurück, wo Tolstoj gesagt hat: alle glücklichen Familien gleichen einander. Monsieur und Madame Dupont, René, André, Jean, Roger, Suzanne und Alice Dupont samt Großeltern, Onkeln und Tanten sind eine glückliche Familie, denn sie sind eine Familie aus Wörtern, und ihre Familienähnlichkeiten, die sie mit den Guermantes und sogar mit den Schiffen der Wüste in verwandtschaftliche Beziehungen bringen, sind nicht von Veranlagungen zu Plattfüßen oder kariösen Zähnen geplagt. Das Wesen aus Fleisch und Blut ist allein der Leser selber, der das Spiel mit den Wörtern mitspielen kann, wenn er möchte. Er wird weder von vorgetäuschten Wirklichkeiten betrogen werden, noch wird ihn die Frage nach dem Sinn dieser Spiele quälen, die ihm der Kritiker und Literaturwissenschaftler immer wieder suggeriert. Die Spiele selbst sind nämlich zugleich auch ihr Sinn, es gibt keine Hintergedanken. Sie sind »nicht auf außer ihr liegende Ziele gerichtet«, wie das pädagogische Wörterbuch sagt, oder, um Wittgenstein nicht in den Hintergrund zu spielen: es läuft ein Etwas durch den ganzen Faden, nämlich das lückenlose Übergreifen dieser Fasern. Joseph L. Mankiewiecz hat es vielleicht am drastischsten ausgedrückt. In der »Barfüßigen Gräfin« sagt jemand: das Drehbuch hat einen Sinn, aber das Leben hat keinen. Ich sagte: sooft ich das Wort »ich« gebrauche, bin ich im Recht. Ich muß sagen: Mankiewicz hat auch recht.

Wo der Hund begraben liegt
Leichenbegängnisse als Thema
enttabuisierter Spiele

»Leichenpredigt, Lügenpredigt!« So lautet ein altes Sprichwort. Eines muß man von Anfang an zugute halten: die
Leute wußten, was sie taten, als sie dieses alliteratorische
Wortspiel erfanden. Sie hatten nämlich Leichenpredigten gehört, an Gräbern, in Leichenhallen, in Feiersälen, von Pastö-
ren, von Dienstvorgesetzten, von Politikern, über Angehörige,
über Arbeitskollegen, über Persönlichkeiten des öffentlichen
Lebens. Als die Leute sagten: »Leichenpredigt, Lügenpredigt!«
da wußten sie auch von der Unantastbarkeit der feierlichen
Stätten, da kannten sie die Gepflogenheiten der feierlichen
Redner, da waren ihnen auch die Eigenschaften der feierlichen
Leichen lange genug vertraut gewesen, sonst wären sie nim-
mermehr auf die Idee verfallen, ein solch despektierliches Wort
zu prägen.

Was ein Pastor am Grab über die Leiche eines Angehörigen,
was ein Dienstvorgesetzter in der Leichenhalle über die Leiche
eines Arbeitskollegen und was ein Politiker im Feiersaal über
die Leiche einer Persönlichkeit des öffentlichen Lebens pre-
digt, ist alles mögliche, nur nicht die Wahrheit, und es darf
auch gar nicht die Wahrheit sein. Ich selbst habe an Gräbern
von der ehelichen Liebe, in Leichenhallen von der aufopfe-
rungsvollen Pflichterfüllung und in Feiersälen von der selbst-
losen Wahrhaftigkeit predigen hören, aber jedermann, der
zugegen war, wußte in diesem Augenblick, daß der Leichenredner nicht von der Liebe, sondern vom Haß und von der
Heuchelei, daß er nicht von der Pflicht, sondern von Schieberei
und Korruption, daß er nicht von der Wahrhaftigkeit, sondern
von Lug und Trug hätte predigen müssen, vorausgesetzt, es
ginge bei einer Leichenpredigt um die Wahrheit.

Der Leichenredner hält sich aber nicht an die Sprichwörter

aus dem Volk, die zwar derb, aber auch wahr sind, sondern er folgt einem ganz anderen Wort, das das Sprichwort nicht aufhebt, aber sorgsam umgeht. Dieses Wort lautet: »De mortuis nil nisi bene.« Dieses Wort des Euripides, »über die Toten soll man nur Gutes reden«, ist aber die Rückübersetzung eines Wortes von Chilon, »man soll von einem Toten nichts Schlechtes reden«. Nun ist »nur Gutes« nicht dasselbe wie »nichts Schlechtes«, denn bei dem »nur Guten« darf das Schlechte schlecht und recht überhaupt nicht in Erwähnung gezogen werden, während bei dem »nichts Schlechtem« das Gute gut und gerne ignoriert werden darf.

Aber dem Leichenredner geht es nicht um das eine und um das andere; er redet nur Gutes, wo nur Gutes, und er redet nichts Schlechtes, wo nichts Schlechtes, er redet aber auch nichts Schlechtes, wo nur Gutes, und er redet nur Gutes, wo nichts Schlechtes erwartet wird. Das ist für ihn nicht das Problem. Dem Leichenredner geht es um die Pietät. Er hat es nicht mit der Wahrheit, sondern er hat es mit Achtung und Ehrfurcht zu tun. Sigmund Freud sagt in »Totem und Tabu«: »Wo früher der befriedigte Haß und die schmerzhafte Zärtlichkeit miteinander gerungen haben, da erhebt sich heute wie eine Narbenbildung die Pietät und fordert das: ›De mortuis nil nisi bene‹.« So haben die narbenbildenden Leichenredner eine gute Funktion, sie heilen und helfen, voller Achtung und Ehrfurcht, wenn auch auf Kosten der Wahrheit.

Aber nicht nur der Totenkult allein, sondern die gesamte Denkmalpflege ist eine Frage der Pietät. Leichen und Denkmäler sind tabu, und zwar verstorbene wirkliche und in Bronze gegossene wirklich gewesene Menschen, aber auch vorgestellte dahingegangene Götter und Heroen und erfundene steinerne Bildsäulen, in der Vergangenheit gemalte Bilder in Öl und in Wasserfarben, Schöpfungen in Tönen und in Wörtern, Walhallas, Germanias und die sieben Weltwunder.

Und jedes dieser verehrungswürdigen Mäler hat seine wunde Stelle, jeder Achilles seine Ferse, jedes Pferd seinen Fuß, über jedem Damokles schwebt ein Schwert, da darf nicht dran gerührt werden. Und siehe da, die narbenbildende Pietät hat es zu allgemeinen Verabredungen und Vereinbarungen, zu Absprachen und Verbindlichkeiten, zu Üblichkeiten und Herkömmlichkeiten, zu stillschweigenden Übereinkünften gebracht. Jedermann wahrt den Schein, jedermann zollt den schuldigen Respekt, jedermann zieht den Hut. Wer mit dem Strom schwimmt, wer mit den Wölfen heult, wer die Kirche im Dorf läßt, der darf zu Lebzeiten schon auf Achtung und Ehrfurcht hoffen, und sein Leichenredner wird zwar nicht die Wahrheit, aber er wird auch nicht schlecht über ihn sprechen. Das ist das, was Konrad Adenauer »die Grenzen der Wahrheit etwas weiter ziehen« genannt hat.

Totenkult und Denkmalpflege als Narbenbildung leisten nun aber einer Sonderform der Verehrung Vorschub, die weit verbreitet und darüber hinaus die Ursache der früheren Heldenanbetung und heutigen Schaffung historischer Größen ist. Diese Sonderform ist die Idolatrie. In der Idolatrie haben sich die Zeitgenossen und Mitmenschen zur Schaffung und Verehrung historischer Größen verabredet, der Leichenredner und der Denkmalenthüller sind ihre Gewährsmänner. So gibt es eine Vielzahl von Menschen, die in stiller Eintracht und schweigender Mehrheit aus Gründen der pietätvollen Narbenbildung zur Verehrung neigen.

Aber es gibt auch andere. Es gibt solche, die in das Wespennest hineingreifen, die sehen, wo der Hase im Pfeffer und wo der Hund begraben liegt. So wie die Leichenredner und Denkmalschützer mit der Wahrheit, so sind sie mit der Ehrfurcht nicht so pingelig. Es sind die Neurotiker. Freud fährt nämlich fort und sagt: »Nur die Neurotiker trüben noch die Trauer um den Verlust ihrer Teuren durch Anfälle von Zwangsvorwürfen.«

So komme ich auf mich selbst zu sprechen. Ich bin kein Leichenredner und befasse mich doch mit Leichen; ich bin kein Denkmalschützer, aber mein bevorzugter Umgang ist stets der

Umgang mit Denkmälern gewesen. Ich bin Neurotiker. Ich trete zwar nicht auf, um anstatt der Ehrfurcht zu frönen die Wahrheit zu sagen, aber in »Anfällen von Zwangsvorwürfen« überschütte ich meine ehrfürchtigen Zeitgenossen und Mitmenschen mit meinem zärtlichen Hohn. Ich spreche nicht schlecht über die Toten und ihre Wörter, sondern über ihre Tabuisierung durch die Lebenden; ich schaue nicht scheel nach einem Denkmal, sondern nach dem Augenaufschlag seiner Anbeter. Und so sind es auch nicht die Gänge mit der tatsächlichen Leiche, sondern es sind die Wörter, die spazierengeführt werden, und es sind nicht die tatsächlichen Hüllen, die von den Denkmälern entfernt werden, sondern es sind die Wörter, die dieselben flugs wieder verhüllen, mit denen ich mich befasse.

Meine »Zwangsvorwürfe« aber sind spielerischer Natur. Ich treibe mein Spiel mit Leichenreden, ich ziehe ein Spiel auf mit wortwörtlicher Denkmalenthüllung. Raymond Queneau schreibt in einem Sonett von diesen einbalsamierten und mumifizierten, von den zu Grabe getragenen und zu literarischen Denkmälern gewordenen Wörtern: »Und für den Friedhof schlägt man sie in Leichentücher/ die schoflen Geister nennen sie die Wörterbücher/ und die vergrämten Denker alphadezediert.« Mit solchen Wörtern, mit denen jedermann stillschweigend übereingekommen ist, mit diesen zur Schau gestellten bunten Hunden, an die aber keine Hand rühren darf, mit diesen goldenen Wortkälbern und Wörtergötzen, die aber sakrosankt und schutzbefohlen sind, führe ich meinen Tanz auf.

Warum dieser Tanz, warum dieses Spiel? Warum versuche ich, meine Zeitgenossen und Mitmenschen immer wieder in dieses Spiel mit den heiliggesprochenen Wörtern zu locken? Kaum spreche ich von der Arbeit, so befindet man sich schon in den Wörtern des heiligen Marx, kaum räsonniere ich über die Zirbeldrüse, so verfängt man sich in den Wörtern des großen Descartes, wenn ich mich über Körper- und Geisteskultur auslasse, dann treten die bekannten anthropologischen und anthroposophischen Wörter, wenn ich die schreckliche Bestie und das harmlose Vieh im Menschen entdecke, dann treten die Wörter des Tiervaters Brehm und der Ester Vilar auf den Plan.

Nur im Spiel kann es mir gelingen, die pietätvollen Verabredungen und Vereinbarungen, die geheiligten Absprachen und Verbindlichkeiten, die verehrungswürdigen Üblichkeiten und Herkömmlichkeiten, fröhlich, wie Schiller sagt, zu durchbrechen und sie dem Mitspieler als Zwänge erkennbar zu machen. Im Reiche des Spiels nämlich können diese Wörter, indem sie in anderen und fremden Umgebungen auftauchen, nicht mehr so zwanghaft herrschen: dieser »ästhetische Bildungstrieb«, der dem Menschen »die Fesseln aller Verhältnisse abnimmt und ihn von allem, was Zwang heißt, sowohl im Physischen als auch im Moralischen entbindet«, führt im Spiel einen befreiten Menschen herauf. »Auch im Moralischen entbindet«, sagt Schiller, der Sakrosankte, mit dem ich in diesem Augenblick in neurotischer Komplizenschaft argumentiere. Weh dem, der spielt in einer Gesellschaft, die ihre Leichenpredigten nicht als Spiele erkennt! Weh dem, der sie Lügenpredigten und nicht Narbenbildungen nennt! Das einzige, das ihm sicher ist, ihm aber auch nichts mehr nützen kann, man wird an seinem Grab, wenn auch nicht »nur Gutes«, so aber wenigstens nicht schlecht von ihm reden.

Einst war der berühmte Halberg
ein Salzkristall-, dann Grandval-Berg.
Im Schloß herrschte Prunk,
und dann kam der Funk.
Jetzt ist er ein Schall- und Krawallberg.

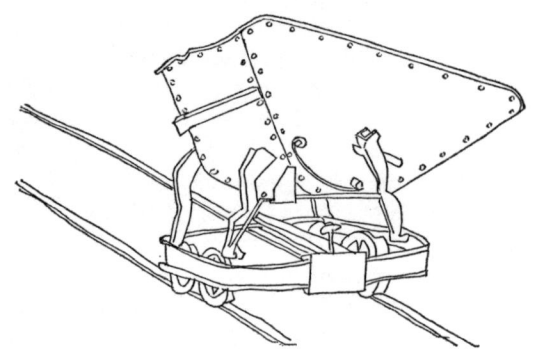

Es gibt Tage, die zeichnen sich durch Schläge, und es gibt Tage, die zeichnen sich durch Tritte aus. Schläge und Tritte messen die Zeit. Jemand holt zu einem Schlag, ein nächster teilt einen Tritt aus, und so vergeht ein Tag nach dem andern. Aber »niemand zwingt zum Guten Kinder mit der Ruten«, hat schon Walther von der Vogelweide gesagt, und so lassen es sich die Menschen angelegen sein, trotz der Schläge, zu denen sie tagtäglich ausholen, und trotz der Tritte, die sie tagtäglich austeilen, ein Gefühl der Abscheu gegen Schläge und Tritte zu entwickeln und dieselben zu verachten und zu verurteilen. Schläge und Tritte, die die Zeit messen, sind Realitäten, die einerseits geschehen und andererseits ungeschehen sein möchten, wenn man den zu Schlägen ausholenden und den Tritte austeilenden Schlägern und Tretern Glauben schenken soll. Jedoch der Schläger bekennt sich zu seinen Schlägen, und der Treter bekennt sich zu seinen Tritten, solange er erfolgreich und wirksam schlägt und tritt und nicht selbst geschlagen und getreten wird. Auf diese Weise sind die Geschlagenen und die Getretenen gezwungen, am erfolgreichsten und wirksamsten immer nur nach unten zu schlagen und zu treten.

Nur wenn sich Wörter und Farbe bekennende Künstler entschließen, die Realitäten zum Gegenstand ihrer Unternehmungen zu machen, dann ist es umgekehrt. Sie gieren nach den Schlägen, und sie gammern nach den Tritten, denn nur die Schläge und die Tritte sind es, die ihre Unternehmungen in Schwung bringen. Was sollten sie noch tun in einer Welt ohne Schläge und Tritte? Als sie sich aber entschlossen, die Botschaften eines späten Septembernachmittags zum Ausgangspunkt gemeinsamer Unternehmungen zu machen, da waren es weder Schläge noch Tritte, die die Zeit gemessen hatten, worauf die Wörter bekennenden Schreiber und die Farbe bekennenden Maler nur zögernd zur Feder und zum Pinsel griffen. Aber »die Geschichte ... sieht sich zuweilen durch Erscheinungen belohnt, die gleich einem kühnen Griff aus den Wolken in das berechnete Uhrwerk der menschlichen Unternehmungen fallen«, sagt Schiller in seiner »Geschichte des Dreißigjährigen Krieges«; und just dieser kühne Doppelgriff ins Uhrwerk hielt den späten Nachmittag des 22. September 1975 für alle Zeiten fest. Die Wörter und Farbe bekennenden Künstler griffen nach den Botschaften dieses späten Nachmittags, und sie griffen nach Botschaften von Griffen. Von siebzehn Uhr bis siebzehn Uhr vierunddreißig: keine Schläge und keine Tritte, aber lauter kühne Griffe, Vorgriffe und Rückgriffe, Angriffe und Eingriffe, Aufgriffe und Mißgriffe, Fehlgriffe und Kunstgriffe, Griffe in ideologische und Griffe in eidetische Gedächtnisse, gute Griffe und schlechte Griffe, Übergriffe und allerhand sonstige Griffe schlechthin.

Siebzehn Uhr: Rückgriff auf Kissingers Rede in der UNO-Vollversammlung abgesagt; siebzehn Uhr drei: Griff der EG-Finanzminister zum Rotstift zwecks Ausgabenkürzungen gemeldet; siebzehn Uhr fünf: Griff in die Bonner Staatskasse zum 850 Millionen-Kredit für Sadat dementiert; siebzehn Uhr acht: Übergriff der oppositionellen Experten auf das Berufsbildungsmodell der Regierung mitgeteilt; siebzehn Uhr elf: Aufgriff der Einladung des Ministerpräsidenten der russischen Föderation durch den CDU-Vorsitzenden und Kanzlerkandidaten der Union, Helmut Kohl, bestätigt; siebzehn Uhr zwölf: Fehlgriff der Agentur in der Terminbenennung der nächsten Finanzministerkonferenz berichtigt; siebzehn Uhr vierzehn: Vorgriff auf die Konzentration der bundesdeutschen Eisenbahnstrecken durch die Eisenbahnergewerkschaft enthüllt; siebzehn Uhr siebzehn: Griff Helmut Kohls zur Visitenkarte der Opposition bekanntgegeben; siebzehn Uhr neunzehn: Griff des kurdischen Arztes Dr. Fouad Talabani zum Absatz seiner ermordeten Ehefrau im Sachverständigengutachten ausgewiesen; siebzehn Uhr zweiundzwanzig: Griff der chinesischen Sicherheitsorgane in das ideologische Gedächtnis von Tschiang Kai-schek- und USA-Agenten zum Zwecke der Umerziehung berichtet; siebzehn Uhr vierundzwanzig: Griff des Ex-Leutnants der britischen Royal Air Force, Alistair Duncan Steadman, in sein eidetisches Gedächtnis zum Zwecke des Geheimnisverrats bezeugt; siebzehn Uhr sechsundzwanzig: guter Griff der Wiener Generalkonferenz bei der Wahl des neuen Präsidenten, des Vorsitzenden der polnischen Atomkommission, Professor Jan Felickis, gedrahtet; siebzehn Uhr siebenundzwanzig: Angriff des Präsidenten des europäischen Parlaments, Georges Spenale, auf die spanische Regierung im Falle der an fünf politischen Gefangenen verhängten Todesurteile gekabelt; siebzehn Uhr neunundzwanzig: Eingriff Ministerpräsident Kühns in die Intendantenwahl des WDR zugunsten des derzeitigen Finanzchefs des Senders, Freiherrn von Sell, angezeigt; siebzehn Uhr neunundzwanzig: schlechter Griff des Bundesgerichtshofs im Schadensersatzurteil für das gerammte Auto auf einem Arbeitgeber-Parkplatz gemeldet; siebzehn Uhr zweiunddreißig: Kunstgriff in die Lostrommel zur Ermittlung der Hochschulzugänge als Modell des früheren Bundesjustizministers Gerhard Jahn vom deutschen Lehrerverband verworfen; siebzehn Uhr vierunddreißig: Mißgriff des Rektors der Universität Bremen, Professor Hans-Josef Steinberg, dem Bremer Atomphysiker Professor Jens Scheer, die Wahrnehmung seiner Dienstgeschäfte zu untersagen, bestätigt.

So ist ein unbedeutender Septembernachmittag, ganz ohne Schläge und Tritte, aber mit deren Verfeinerungen, mit siebzehn subtilen Griffen, zur Lehrstunde für Wörter und Farbe bekennende Künstler geworden, eine Lehrstunde mit Griffen, die die Zeit gemessen haben. Der Griff wurde zum Begriff und gar zum Inbegriff. Ein später Nachmittag operiert nicht mehr mit plumpen Schlägen und Tritten, sondern mit geschickteren Handhabungen. Gib acht!

Jenseits von Zuckerbrot und Peitsche
oder Die Aufhebung der Widersprüche

Die Welt ist weder so noch so, sondern anders. Überall gibt es ein Ding und sein Gegenteil, so zum Beispiel das Leben und den Tod, das Leben und die Kultur, aber auch das Leben und die Schule. Martin Luther setzt das Leben gegen den Tod und den Tod gegen das Leben. Thomas Mann setzt das Leben gegen die Kultur und die Kultur gegen das Leben. Ich aber setze das Leben gegen die Schule und die Schule gegen das Leben. Martin Luther, Thomas Mann und ich selbst setzen das eine gegen das andere, wir bilden Gegensätze.

Wenn aber zwischen dem Leben und dem Tod, zwischen dem Leben und der Kultur und zwischen dem Leben und der Schule ein Gegensatz besteht, dann ist damit nicht gesagt, daß die Kultur etwas mit dem Tod und daß der Tod etwas mit der Schule zu tun haben muß; aber die Kultur und die Schule können das eine ohne das andere nicht sein. Das eine spricht wider das andere, die Welt ist voller Widersprüche.

Die Lebemänner sagen: »Das Leben kann ohne die Schule, die Schule kann aber nicht ohne das Leben bestehen.« Die Lehrer dagegen sagen: »Die Schule kann wohl ohne das Leben, das Leben kann aber nicht ohne Schule bestehen.« Dies hat den Lehrer Seneca auf das Sprichwort gebracht: »Non vitae, sed scholae discimus!« was auf deutsch bedeutet: »Nicht für das Leben, sondern für die Schule lernen wir!« Aber die Lebemänner haben dieses Sprichwort geändert, sie sagen: »Nicht für die Schule, sondern für das Leben lernen wir!« und so bleiben die Widersprüche ungelöst.

Wir aber heben die Widersprüche auf. Wir verbinden das Leben mit der Schule und die Schule mit dem Leben, damit es in unserer lebenden Schule ein schulendes Leben und in unserem schulenden Leben eine lebende Schule gibt. Nun bestehen aber im Leben selbst die gleichen Widersprüche wie in der Schule, und in der Schule bestehen die gleichen Widersprüche wie im Leben, wie zum Beispiel der zwischen Arbeit und Urlaub, zwischen Arbeit und Freizeit und Arbeit und Spiel. Urlaub, Freizeit und Spiel aber sind nicht dasselbe.

Jemand wie ein Lebemann und Fabrikbesitzer betont gern den Widerspruch zwischen Arbeit und Urlaub, jemand wie ein Lehrer und Gewerkschaftler betont lieber den Widerspruch zwischen Arbeit und Freizeit, und jemand wie ich selbst betont am liebsten den Widerspruch zwischen Arbeit und Spiel. Auch hier treffen sich nicht die Freizeit und der Urlaub, so wie auch der Urlaub sich nicht mit dem Spiel trifft, als wären sie einander gleich. Aber zwischen der Freizeit und dem Spiel besteht eine lustige Zusammenarbeit.

Doch wir heben den Widerspruch zwischen Arbeit und Spiel auf. Wir verbinden die Arbeit mit dem Spiel und das Spiel mit der Arbeit, damit es in unserem arbeitenden Spielen ein spielendes Arbeiten und in unserem spielenden Arbeiten ein arbeitendes Spielen gibt. In der Zukunft soll es nicht hier die Arbeit und dort das Spiel, nicht hier die Unterrichtsstunde und dort die Pause, nicht hier den Bildungshunger und dort das Knäckebrot geben.

Erst die lustige Zusammenarbeit zwischen Arbeit und Spiel, zwischen Unterrichtsstunde und Pause, zwischen Bildungshunger und Knäckebrot schafft einen neuen Menschen, jenseits von Zuckerbrot und Peitsche. Doch im spielenden Arbeiten und im arbeitenden Spielen wird die Peitsche nicht einfach zum Zuckerbrot und das Zuckerbrot zur Peitsche werden, o nein. Dieser neue Mensch wird nicht außer sich sein, sondern er wird zu sich kommen, denn diese lustige Zusammenarbeit von Arbeit und Spiel und dieses frohe Zusammenspiel zwischen Spiel und Arbeit wird den neuen Menschen frei machen von Zuckerbrot und Peitsche.

Aber das dürfen wir nicht weitererzählen, damit dieser neue Mensch nicht plötzlich seinen Widerspruch hervorruft und wir wieder genau so da stehen wie eh und je.

Rückflüge
Rückblick auf eine Aufsatzsammlung

»Und sie flogen über die Berge, weit durch die Welt«, schrieb
der zwölfjährige Egon von einem Drachenpaar, das sich im
Herbstwind gefunden und sogleich entschlossen hatte, das
Halteseil zu zerreißen, »damit der gute Freund Wind« es in
alle Welt tragen könne, »wohin sie wollten«. Da aber meine
ehemaligen Schüler inzwischen längst über alle Berge sind,
in alle Winde zerstreut, wer weiß auch, wo in aller Welt zu
finden sein mochten, fahndete ich nach Adressen und Orts-
angaben, nach alten und neuen Wohnsitzen, damit das Buch,
in dem alle diese Geschichten und Beschreibungen, diese Gedanken und Erfindungen versammelt sind, seinen Flug »über
die Berge« antreten könne.

So fuhr ich also wieder in das nahe gelegene »saarländische
Bauerndorf mit Wurstfabrik und Bierbrauerei, mit zerfalle-
nem Backsteinwerk, aber aufstrebender Bautätigkeit, mit ein-
silbiger, verschlossener Bevölkerung«, und in das »Bergmannsdorf, wo am Kolonieschacht die Reihenaborte familien-
zugehörig den Tuffstein- und Eternitbaracken auf der anderen Straßenseite gegenüberliegen, wo Fenster und Türen jahrein, jahraus offenstehen, wo folglich das Gespräch zwischen
Mutter und Sohn, zwischen Opa und Tante auch in Augen-
blicken natürlicher Zurückgezogenheit nicht abreißt, wo also
jegliche Weise von Austausch und Fröhlichkeit gedeiht«.

Ich ging in die Dirminger Schule zu Alwine, einer Kollegin
von damals, dann ins Friedrichsthaler Rathaus aufs Einwoh-
nermeldeamt zu Rosemarie, die in ihren Karteikästen nach
Namen und Adressen suchte; und nun flogen die gelben Bücher
über die Berge, per Post und per Auto. Ich traf Heino in der
Backstube, Marianne vor ihrer Tankstelle, Gerd in der Schule
und Hans Herbert in seiner Schmiede an. Emmi und Doris
kümmern sich um ihre Kinder, Heiner sitzt über Karl Marx

gebeugt. Hans Jürgen, Bergmann, heute Studierender der Bergingenieurschule, schneidet seinen Rasen; Hans Rudi, Optikerlehrling, schreibt Gedichte. Hans Jürgens Zaun mit den Sonnenblumen vor dem Kühlturm der Grube ist ein Ludwig-Richter-Zaun, aber Hans Rudis Texte sind nicht die Märchen, die hinter den Holzlatten und den Kletterrosen geschehen. Ich erinnere mich: Hans Jürgen beschrieb seine letzte Weihnachtsbescherung, Hans Rudi seinen ersten Schritt aus dem häuslichen Kreis. Aber jeder ist seinen eigenen Weg gegangen. Was hat der Lehrer dazu getan?

»Die Kinder zu bewegen, sich unbehindert zu fühlen, ungehemmt zu sein, sich ungezwungen zu äußern«, war mein Ziel, »denn nur das fortwährende Verrücken des Zurechtgerückten und das stetige Zurechtrücken des Verrückten« mit Hilfe der Wörter sollte die Kinder in den Stand versetzen, sich zurechtzufinden, Ungerechtigkeiten zu erkennen, vielleicht Recht- und Schlechtwetteranzeiger zu sein. Was war daraus geworden?

Auf die Hinflüge gab es Rückflüge per Post. Viele ehemalige Schüler und Schülerinnen antworteten auf die Aufsatzsammlung, und so erfuhr ich von Steilflügen und von Erkundungsflügen, von Nachtflügen und von Übungsflügen, von Kunstflügen und von Geistesflügen. Es gab Sturzflüge, buchstäblich, wenn Heinz schreibt: »Ich ging freiwillig zur Fallschirmtruppe«, es gab Gleitflüge von einem Beruf zu einem anderen, bei denen Ursula sich »seit zwei Jahren pudelwohl fühlt«, es gab Gedankenflüge, »Erinnerungen an die Kindheit«, »Andenken an die Schulzeit«, »fallendes Laub leise raschelnd«, und es gab, sicherheitshalber an die Kette gelegt, nach dem bekannten Titel von Dieter Kühn, »Ausflüge im Fesselballon«, wenn nämlich Volker als Speditionskraftfahrer im Frankfurter Stadtverkehr immerzu unterwegs ist, wo er doch damals, fortwährend ausgerissen, immer irgendwo zwischen Hamburg und Marseille steckte.

Die Aufsatzsammlung ist für Heinz »ein Stück Erinnerung,

ein Stück Kindheit und etwas Stolz«, für Herbert »nicht nur Auffrischung alter Erinnerungen…, sondern es zeigt auch, wieviel Spaß es gemacht hat«. Für Herta war es »Kleinstarbeit, und ist ein Kunstwerk geworden«, für Erika ist es eine »tolle Sache«, und Udo sagt: »Das Buch müßte von der sechsten bis zur achten Klasse verwendet werden, denn das sind die Klassen, in denen man sehr ideenreich in Sprachausdrücken ist.« Der Friedrichsthaler Bäckersfrau, bei der Heino mir zu jeder Zehnuhrpause einen Kümmelweck gekauft hat, ist das »kleine gelbe Bändchen zur lieben Lektüre geworden«, aber der Leser einer deutschen Tageszeitung rügt, »daß man sich lustig macht über sprachliches Unvermögen bei Schülern, die einfach mit ihrer Sprache nicht fertig werden, bevor sie sich nicht so perfekt den zweifelhaften Normen der Lehrer anpassen können«.

Gerd, heute selbst Volksschullehrer, meint »trotz aller bisherigen Bemühungen ist es mir leider bislang nicht geglückt, ähnlich bemerkenswerte Resultate in der Schule zu erzielen. Es ist wohl eine nicht zu erlernende Lehrertugend, die wahren Betrachtungs- und Denkweisen der Schüler in der Schriftform aufzudecken«. Aber er irrt, denn die Tugenden sind alle erlernbar, auch wenn vor die Besonnenheit und Gerechtigkeit viel Geduld gehört. Etwas von Epikur tut immer not, die kluge Einsicht in die Bedingungen der Lust nämlich, auch Kant ist vonnöten, damit niemals etwas zur Gewohnheit wird, »sondern immer ganz neu und ursprünglich aus der Denkungsart« hervorgeht. Und wenn für Goethe schließlich die Tugend »das wahrhaft Passende in jedem Zustande« ist, so entschuldige ich damit nicht das Patsch! Peng! eines Moby Dick, diesen Mückenschlag, von dem Jürgen erzählt, der aber schließlich eher der Hieb eines Schreiadlers war, von dem selbst Tiervater Brehm keine großen Stücke hält. Das tut auch Heinz nicht, heute Pflasterer, denn ihn erinnern die Aufsätze »an den Herrn Lehrer, der Kinder schlägt, aber ein Meister in seinem Fach ist. Ihn wird es nicht zweimal geben«.

Das ist lange her, und wenn auch später geübte Einsicht und Milde das ungebärdige Tun nicht vergessen machen, so waren sie sicher damals schon wirksam, im Zurechtrücken des Verrückten und Verrücken des Zurechtgerückten, mit Hilfe der Wörter, »mit Witz und Urteil«. Hubert hat beides nicht verloren, er ist im Elektrofach tätig und folglich interessiert ihn »wegen beruflicher Arbeit nur noch die Kochkunst«. Er erinnert sich »an den ›Papierkrieg‹, in dem ich kurzerhand meine Familie vergrößerte, indem ich schrieb: Meine Geschwister sangen, dabei aber nur einen Geschwister (nämlich einen Bruder) habe«. Auch Heino, dem Witzbold, ist das Lachen nicht vergangen, wenn er auch »solche Streiche wie früher selten noch auf die Beine« bringt. Nach der Arbeit ißt er, liest er Zeitung und »mache mich lang«. Am Abend trinkt er eine »Bombe«, ißt er ein »Gammler-Curry« und trimmt sich bei der Freiwilligen Feuerwehr.

»Ein guter Film, eine Operette, Opernarien«, schreibt Ursula, Heinz dagegen marschiert, »ich habe dreimal am Hollandmarsch teilgenommen«, und Udo ist »ein begeisterter Fußballspieler geworden«. Er malt auch »ausgefallene Gestalten, aber wenn man die Malerei versteht, kommen die Gesichter einem gar nicht so ausgefallen vor«. Hans Rudi schreibt, und sein Gedicht vom »künstlichen Lebensraum« bedient sich einer Sprache, die von uns allen gesprochen und gebraucht wird. Während für Herbert, als Buchhalter einer großen Möbelfirma, das Aufsatzschreiben in der kaufmännischen Berufschule »ein großes Plus« bedeutete, gebraucht Hans Rudi die Sprache außerhalb der beruflichen Nutzung. Er sitzt über Brillen und Kontaktlinsen in einer Optikerwerkstatt, und ihm sind bei all diesen Sehgeräten die Augen offengeblieben. Sein Gedicht über das Aquarium im Wohnzimmer lautet:

In Quaderform gepreßtes Element
schwerelos und stumm gebanntes Leben
von Glas umfangen
durch Stahl begrenzt

Unterkühlte Liebe
und stumme Rivalität
ein Fenster zur Natur
zwischen Radio und Wanduhrpendel

Ins traute Heim gebrachte Harmonie
Harmonie für harte Währung
mit Beleuchtung
und gleichmäßiger Luftzufuhr

Von dem Versand ders möglich macht
die kaltblütigen Larvenfresser
in schlichtem Rot
oder gegen Aufpreis mit Neonstreifen

Es gehört zum Luxus
wie der 280er mit Stern
es steht im Schrank aus Nußbaum
natürlich kein Furnier

Und auch entsteht der Vorteil zu sagen:
Mayers füttern nur zweimal

Einer schreibt von der »vergifteten und falschen Atmosphäre
eines Kleinbetriebes«, wo er als Lehrling »acht Stunden am
Tag Kompromisse schließt« mit Menschen, die er im Grunde
verabscheut, ein Mädchen, heute in einem Anwaltsbüro tätig,
hilft ihrem »Chef Leute aus dem Schlamassel zu ziehen«.
Herta, Friseuse gewesen, lebt für ihre »kleine Alexandra«,
die sie »schon früh um 6 Uhr aus dem Bett holt«. Erikas »ganzer Stolz sind meine beiden Söhne«. Sie sagt: »Möchte, daß
aus meinen Kindern etwas wird.« Emmi hat auch zwei Kinder, sie schreibt: »Es gibt für mich nichts Schöneres, als sie

heranwachsen zu sehen, sie zu beobachten und von ihnen zu lernen..., sie machen mich auf vieles aufmerksam, was ich zuvor nicht mehr beachtet oder vergessen hatte. Sie machen mich auf viele meiner Fehler aufmerksam.« Auch Doris widmet sich »hauptsächlich der halbwegs antiautoritären Kindererziehung«.

Es ist von Arbeit und Fleiß, von Eigentum und »glänzender Position« die Rede, es wird vom Lernen gesprochen, von der »Grundlage für das spätere Leben«, von »finanzieller Aufbesserung« und »reichlicher Erfüllung«. Einer schreibt: »Mein oberstes Ziel, und dem wird auch in nächster Zeit mein ganzes Interesse gelten, mich weiterzubilden und eine entsprechende Position in meinem Beruf einzunehmen und somit auch ein besseres Gehalt zu erreichen.« »Die weiteren Interessen kommen dann schon von selbst«, fügt er hinzu, und ich frage mich, ob so viel Tatendrang und Tüchtigkeit in meiner Schule gedeihen konnten.

Marianne erinnert sich an diese Schule, als sei sie ein Märchenland gewesen, die »Schule, die wir vor einigen Jahren noch am liebsten so schnell wie möglich hinter uns bringen wollten..., erscheint in einem ganz anderen Licht«. Ihr ist sie die schöne Nebensache »im Vergleich zur Berufswelt«.

Emmi sagt: »Sie verstanden es wirklich, uns die anerzogenen Hemmungen, wenigstens zum Teil, zu nehmen... Ich hätte nie geglaubt, daß so viel von einem Lehrer abhängen könnte.« Und Hans Rudi schreibt mir: »Zuerst möchte ich Ihnen danken für die Worte, Taten und Gesten, mit denen Sie mich, wie ich meine, positiv beeinflußt haben (wobei ich beeinflussen nicht mit manipulieren gleichsetze). Ich habe gelernt, nicht nur darauf zu warten, bis ein Mensch zu mir kommt und sagt, ich wäre ›in Ordnung‹, sondern ich bin nun reif genug, selbst zu jemandem zu gehen und zu sagen: du bist ›in Ordnung‹. Auch hoffe ich, daß Sie diesen Brief nicht als Kontaktaufnahme zwischen Schüler und Lehrer, sondern als Solidaritätserklärung eines Jugendlichen zu einem für ihn akzeptablen Menschen der ›älteren Generation‹ werten. So ist es auch keine Schmiererei, wenn ich Ihnen sage, daß Sie für mich der stärkste Mensch sind, den ich persönlich kenne.« Er »besitzt nicht mehr die Kraft, nach Feierabend noch zu lügen oder ein Routinelächeln aufzusetzen«. Das beschämt den Lehrer, der nie stark sein wollte, und es vielleicht doch war, oftmals kraft seiner von Amts wegen gestützten Autorität, mehr als ihm lieb sein konnte.

In einem Brief von Anita heißt es: »Ein Buchtitel, der leicht, beschwingt, schwerelos scheint und doch einer gewissen Rätselhaftigkeit nicht entbehrt. Ein Buch mit Schüleraufsätzen, bunt, fröhlich, traurig, naiv, romantisch – die Welt der Kinder. Eine Sammlung, die Erinnerungen weckt an ein dickes, schwarzes Buch, an die Jahre der Schulzeit, an einen Schulhof, umsäumt mit dicken Kastanienbäumen, fallendes Laub leise raschelnd, die muffige Luft im Schulgebäude, die alten hohen Fenster und das erhöhte, gelb schimmernde Pult. Ein Buch, das auch an die Persönlichkeit des damaligen Lehrers erinnert, an seine Dynamik, seine Willenskraft, seine Liebe zur Kunst, sein Bemühen, dem kindlichen Auge die Wunder der modernen Malerei zu offenbaren; ein einsamer Vorkämpfer, der versuchte, die Bildungsungleichheit in einem entlegenen Provinznest zu beseitigen. Arbeiterkinder, deren Phantasie, ihr Gestaltungsdrang nach dem eigenen Werk, dem Streben nach sich selbst, der eigenen Persönlichkeit, die Auseinandersetzung, die Konfrontation mit einer rätselhaften Umwelt, all die tausend Fragen und Meinungen, die durch ihn vielleicht zum ersten Mal ernstgenommen wurden.«

So preisen die Briefe des Lehrers Naturell, so rühmen sie sein pädagogisches Walten, so loben sie seine Kunstbeflissenheit; aber der Lehrer ist nun wirklich beschämt, er hätte wohl ein Rübenfeld beackern sollen, er aber werkelte im Blumenbeet. Wolfgang, Polizist »auf Böse-Männer-Fang«, wie seine Tochter sagt, sorgt sich um die Sprache, die er gelernt hat. Er erinnert sich gar nicht gerne an den Deutschunterricht:

»Allein schon deshalb nicht, weil mir gerade dieses Fach ›Muttersprache‹ sehr viele Schwierigkeiten bereitet hat. Schreiben, das ist in diesem Brief wohl schon angeklungen, war wie Lesen und Reden wohl eine Leidenschaft. Und wie dies mit Leidenschaften so üblich ist, hat es kein gutes Ende genommen. Meine Deutschzensuren schwankten, außer in meinen Volksschuljahren, immer zwischen der Zwei und der Sechs... Auch heute bin ich mir noch nicht im klaren, ob ich meine Muttersprache beherrsche oder sie mich beherrscht. Es kommt gar oft vor, daß mir ein Staatsanwalt eine Akte zurückschickt mit dem Vermerk, ich solle einen Tatbestand in den ›gesetzlichen‹ Wortlaut bringen und nicht eine Räuberpistole schreiben. Das bedeutet nicht mehr, als eine Sechs in Amtsdeutsch. Es heißt eben nicht: ›Er hebelte mit einem Schraubenzieher das linke Ausstellfenster des Autos auf‹, sondern es heißt dann: ›Er öffnete gewaltsam ein verschlossenes Behältnis‹. Es heißt nicht: ›Das Auto war ordnungsgemäß verschlossen und gesichert‹, sondern es heißt dann: ›Die Sache war durch eine besondere Vorrichtung vor der Wegnahme gesichert‹.«

Emmi fragt sich im Hinblick auf ihre eigenen Kinder: »Wie werden sie urteilen, wie ist ihre Sprache? Was mir heute noch zu schaffen macht, ist der Mangel an Ausdrucksvermögen, der Mangel, die treffenden Wörter zu finden. Unser Sprachbereich ist begrenzt, unser Wortschatz zu klein. Wir suchen verzweifelt nach den treffenden Wörtern, wenn wir Hochdeutsch reden wollen, und es kommen nur karge, unvollkommene Sätze heraus, die einen anderen Sinn ergeben als der Gedanke.« Ähnlich schreibt Hans Rudi: »Ich hätte Ihnen dies gern persönlich gesagt, aber der unschöne Tonfall meines saarländischen Dialektes, welchen zu unterdrücken ich nicht imstande bin, hätte es lächerlich erscheinen lassen.«

Was hat der Lehrer also falsch gemacht? Heiner glaubt es zu wissen, er hat Gründe, er hat Argumente, er nennt schon die Frage, was aus ihm geworden sei, für gefährlich. Er schreibt: »Werden hat immer den Beigeschmack des Passiven, des natur- oder zwanghaft Sich-Entwickelns. Gleichzeitig haftet ihm die Tendenz an, jemanden – auf den es sich bezieht – zu fixieren. Wenn ich gefragt werde, was aus mir geworden ist, heißt das, was ist durch hormonelle, psychische oder physische Entwicklungszwänge aus dem Heiner, den Sie – vielleicht – kennen, geworden, was ist es, ein für alle mal. Vielleicht ließe sich Ihre Frage auch einfach als Frage nach meinem Beruf werten. So gesehen, wäre der Beruf aber als Entwicklungsziel eines Menschen bewertet, noch dazu als etwas naturnotwendig aus der Anlage des Individuums Entwickeltes.

Ihre Frage scheint mir der unbedachte Versuch, allgemein menschlich zu fragen. Ich will mich nicht, genau wie Sie, aufs Katheder stellen und Ihnen als Schriftsteller etwas über die Bedeutung der Sprache vorerzählen. Aber wie sehr Sprache Mittel ist, die Haltung eines Menschen zu dem ›Besprochenen‹ auszudrücken oder gar andere in *der* Art zu beeinflussen, wie vielfach *so* Sachzwänge vorgetäuscht werden, wo es sich – wie beim Beruf um gesellschaftliche Zwänge handelt, sehen Sie und ich hier ganz deutlich.

Aber zur Sache. Nachdem ich nach der 7. Klasse aufs Aufbaugymnasium gekommen bin, habe ich dort sechs Jahre mit zunehmendem Erfolg verbracht. Besonders wichtig war für mich dabei die Fixierung auf meinen Klassenlehrer, der mir persönliche und sachliche Vorbilder – natürlich alles mit Einschränkungen – sowie eine starke Leistungsmotivation geliefert hat. Ich kann selbstverständlich nur aus dem Vergleich urteilen, wie die Methode, zu schreiben und zu denken, die Sie bei mir beeinflußt haben mögen, bei diesem neuen Lehrer ankam. Ich habe den Eindruck, Sie haben bei Ihrem Unterricht vor allem meine Phantasie angespornt, spielerisch Denken, try and error, könnte man Ihre Methode nennen. Anders Herrn E's Methode. Formallogisches, übergehend in logisches und dann vernünftiges Denken, dann den Schritt vom Denken zum Handeln indirekt fordernd, das mögen die Kennzeichen dieser Methoden sein. Beide Methoden sind nicht widersprüchlich untereinander, nur zu Anfang hatte ich Schwierigkeiten, meine Phantasie zu zügeln, das heißt nicht zurückzunehmen, sondern zu ordnen.

So beeinflußt, habe ich die Schule verlassen, mit einem Schlüssel-Zeugnis, einem, das einem jeden Studienweg aufschloß. Doch ich habe das falsche Schloß gewählt und ein Semester Chemie studiert. Mir hat dabei – im Unterschied zu jetzt, Gleichgebliebenes führe ich hier nicht auf – vor allem gefehlt: Kontakt zu Menschen, er war im Vergleich zum Kontakt mit Dingen unterentwickelt: Reduktion des Denkens, weg vom verbalen, hin zum mathematisch-formelhaften. Das war zuviel. Jetzt, das heißt im 3. Hochschulsemester, studiere ich an der Uni Germanistik und Geschichte. Welchen Einfluß das Studium bis jetzt auf mich gehabt hat, vermag ich nicht zu ermessen. Ich habe diese Fächer in der Erwartung gewählt, Pauker zu werden, aber eben kein Pauker!

Das hängt eng mit der Tatsache zusammen, daß ich Jungsozialist bin. Das bedeutet nämlich, daß ich an die Möglichkeit glaube, unser System zu überwinden, wobei man noch diskutieren muß, was will man überwinden. Jedenfalls kommt dem Lehrer in diesem Prozeß, der primär ein individueller und auf Kleingruppen bezogener ist, eine enorme Bedeutung zu.

Ich sehe in der Sprache eine große Kraft, keine Macht; nur die, die die Macht haben, können ihr Macht verleihen. ›Die herrschenden Gedanken einer Zeit sind immer die Gedanken ihrer herrschenden Klasse‹. Dazu kann man stehen, wie man will. Sprache ist Kommunikation. Sie liefert in Wort- und Satzverbindungen Muster, Klischees, die sich beständig reproduzieren und die eine Einstellung provozieren, wörtlich, die man zu dem Besprochenen haben soll. Andererseits ist sie Gegenkraft, deckt auf, legt bloß, macht *die* angreifbar, die sich ihrer zu bedienen glauben. Und vor allem darin sehe ich die Macht der Sprache, daß sie prüfbar macht, habhaft.«

Das sind Stellen aus einem langen Brief, und ich bin noch nicht am Ende damit, die aber notwendig zeigen, wie sehr stark die Erwartung auf Handfestes, der Wunsch zur Ausrichtung, die Zielbezogenheit dominieren. Ein neues Gedicht von Heiner, »Versuch außer der Reihe«, zeigt, daß er es nicht anders als sein Messer verstehen will.

> reden schwingen
> keulen gleich
> die die macht des wortes brauchen
> demagogen schüren leidenschaften
> haß und angst
> damit der mensch nicht wage
> widerspruch zu heben
> gegen ihre macht und willkür
> und sich ducke
> doch ist ihre angst zugleich
> daß einer zu sich finde
> und die stimm erhebe gegen sie
> denn sie wissen
> welche kraft dem worte der kritik beschieden
> welches feuer zu entfachen
> sich das argument erhebt
>
> waffen werden worte
> in der hand der waffenlosen
>
> wenn das hohle pathos sich verflüchtigt
> und der kalte strom der einsicht
> alle nebelschwaden löst der demagogenworte
> kraft verleiht
> und viele einem ganzen zugehörig
> sich erkennen
>
> aus dem mund von vielen
> die längst sich angepaßt
> zu haben scheinen

hören worte wir
die deuten
daß einmal die ohnmacht zu ende
daß nicht länger andere für sie denken
sich als hirn des ganzen geben
aber nur für ihren kleinen teil
sich sorgen dürfen

Wie weit also bin ich gekommen? Es widerstrebte mir, Kinder für die Arbeitswelt abzurichten, es lief mir zuwider, Menschen in ein System einzupassen. Aber was ist aus des Lehrers hochfahrender Vorstellung von der Selbstbefreiung im Gassenjargon geworden? Er wollte nicht die Sprache der Herrschenden anbieten, er wollte auch nicht, daß die Kinder gezwungen sein sollten, sich »mit heimlichen Signalen im Untergrund über ihre Zweifel, ihre Empörung, ihre Ängste in einer Sprache, die herrenlos ist, zwar unbeherrscht, doch machtlos«, auszudrücken, um einem Gedanken von Konrad Wünsche zu folgen. Ich wollte den vollständigen Satz, die Rechtschreibung, das Schuheabputzen, das Papieraufheben nicht als »Unterwerfungsriten«, sondern als soziale Akte verstehen; aber nun zeigen sich Zugehörigkeitsgefühle zur Gesellschaft, Bestrebungen, sich einzufügen, Wünsche, nicht mit einer mißbilligten Sprache leben zu müssen, die nicht frei entstanden, sondern vom System erzwungen scheinen. Was hat der Lehrer falsch gemacht?

Ich muß noch einmal auf den Brief Heiners zurückkommen. Dort heißt es nämlich weiter: »Ich selbst bewerte Ihr sehr kluges Vorwort und die Aufsätze, die ihm folgen, positiv. Ich bedauere es aber – hoffentlich täusche ich mich –, daß Sie den Platz an der ›Front‹, die die Schule ist, mit dem Beobachtungsposten im bekannten Elfenbeinturm vertauscht haben. Aber ich unterschätze diesen Posten nicht, dann, wenn er Ausguck ist auf einem Schiff, das vorwärts fährt, und von dem aus man den Kapitän vor Hindernissen, Irrwegen und Nebelwänden warnt. Frage nur, wer ist der Kapitän? Da sollte man sich doch auch ein bißchen am Steuer herumtreiben.«

Ich bin kein Kapitän, auch kein Steuermann, vielleicht Lotse im Nebel, weil ich meine, daß rechter Gebrauch der Wörter in einer Sprache der Gebrauch ist, der aus Verfinsterung Auffinsterung, folglich Aufklärung, und falscher Gebrauch der Wörter in einer Sprache der Gebrauch ist, der aus Aufklärung Verklärung, folglich Verfinsterung macht. Ich weiß aber nicht, ob es mir gelungen ist, denn ich weiß von vielen nicht, ob sie ihre Sprache behalten oder verloren haben. Ich weiß, daß kindlicher Witz und Schülerurteil etwas in Emmi bewirkt haben, ich weiß, daß Anita und Hans Rudi, daß Heino und Hubert, daß Wolfgang und Heiner auch heute noch immer wieder versuchen, mit Hilfe von Wörtern in der Welt zurechtzukommen, wie gesagt, durch Witz und Urteil. Ich weiß aber immer noch nicht, ob sie Jürgen, falls er heute der flotte Bankangestellte ist, der nicht die Hände des Versagers drücken wollte, längst eine Erkenntnis vermittelt, ob sie in Friedhelm nachgewirkt und ihn von irgendeinem Teufel, der »voller Freude« gewesen und in seinem »Herzen umhergesprungen« war, befreit haben. Sie haben nicht geantwortet.

Rückflüge über fünf und über fünfundzwanzig Jahre, das ist mitunter lange her, und es ist weit her, und der Elfenbeinturm ist nur eine Projektion aus der Entfernung. Von weitem scheint er groß, aber von nahem ist er nur eine Erfindung. »Rückfahrten haben den Sinn, die Sätze empfindlich zu machen für lange Strecken und Höhenunterschiede«, sagt Max Bense, und so ist dieser abenteuerliche Tourismus in die Sprache das Mißverständnis der Wörter, die nicht ein für allemal dasselbe bedeuten. Die einen haben ihre Wörter verborgen, die anderen haben sie gebraucht. Da laufen sie, die einen haben die Köpfe gesenkt und laufen hinterher; die anderen aber laufen erhobenen Hauptes vorneweg. Sind nun die einen die Entfremdeten und die anderen die Angepaßten? Oder sind

sie nicht vielmehr alle miteinander unterwegs, so daß die Zu-
rechtgerückten in diesem Augenblick gerade verrückt und die
Verrückten im gleichen Augenblick zurechtgerückt sind, just,
als es darum ging, einmal etwas zu erfahren, was ein bißchen
Wahrheit auf Dauer enthalten sollte. Ein Glück, daß es dem
Lehrer nicht die Sprache verschlagen hat. Wahrheit auf Dauer?
Nun ist es an ihm, zu lernen.

(Wir leben mit unseren Freunden. Hans ist ein Kerl wie Samt und Seide, Hanno zählt die freien Tage und sagt: »Wenn der Karfreitag auf Montag fällt, dann gewinne ich einen Tag.« Eugen ist Pataphysiker, er verzettelt sich nicht beim Übersetzen, Margrit bewundert seinen hedonistischen Taylorismus. Leo setzt eine Säule, die sein neues Haus begründen soll, Felicitas sieht sie als den Eckpfeiler der Wahrheit an. Fred entdeckt eine neue literarische Örtlichkeit, Gabi und wir alle freuen uns mit ihm, auch die Kölner und die Hamburger, auch die Münchener und die Pariser, ja selbst die Berliner verstehen unsere Freude, die immer aus dem Bauch kommt, auch wenn der Kopf mit im Spiele war.)

Wenn achtzehn Farbe bekennende Menschen sich entschließen, Farbe zu bekennen, dann ist das noch lange kein Grund, anzunehmen, das ginge mit jener reinen künstlerischen Leidenschaft und vollkommen ohne Flausen und Faxen, ohne Getue und Finten, ohne Mätzchen und Schnickschnack, ohne Umstände und Ausflüchte, kurz, ohne allerlei Fisimatenten vonstatten, zumal sich zu diesen achtzehn Farbe bekennenden zwei Wörter bekennende Menschen hinzugesellen.

Denn nicht nur die Leidenschaft, die sich nach Goethe durch das Bekennen noch »erhöht und mildert«, sondern vor allem die Flausen und die Faxen, das Getue und die Finten, die Mätzchen und der Schnickschnack, die Umstände und die Ausflüchte, kurz also, diese allerlei Fisimatenten, die nach Luther »gar unnütz und nichtes werd« sind, gehören zum Wesen der Farbe und der Wörter bekennenden künstlerischen Menschen. Künstler sind Macher, und sie machen mit Leidenschaft Fisimatenten.

Nun sind diese Fisimatenten zum einen die diese Bekenntnisse hervorbringenden Begleitumstände und zum andern diese Bekenntnisse selber. Also mit Hilfe von Flausen und Faxen, von Getue und Finten, von Mätzchen und Schnickschnack, von Umständen und Ausflüchten werden Flausen und Faxen, Getue und Finten, Mätzchen und Schnickschnack, Umstände und Ausflüchte gemacht.

Das Wesen des Künstlers und das Wesen der Kunst fallen in einem zusammen, so daß es hier eigentlich keine Entfremdung und schon gar keine Erlebnisse der Zurücksetzung durch Versagung von Befriedigung zu geben brauchte, wenn nicht ein solches Vorhaben, in einer Gruppe, gleich zu achtzehnt und dazu noch mit zwei Wörter bekennenden Menschen, Farbe zu bekennen, buchstäblich zu Fisimatenten herausfordern würde. Die Tatsache nämlich, daß sich achtzehn saarländische Künstler zusammengefunden haben, um Fisimatenten zu machen, warf nicht etwa die Frage auf, ob es hierzulande tatsächlich achtzehn Menschen gibt, die diesem Bilde vom Künstler entsprechen, sondern diesen achtzehn Menschen, die sich, ohne jegliche Fisimatenten zu machen, in diesem allgemeinen Bilde wiedererkennen – unter der Einschränkung natürlich, daß jeder einzelne sich naturgemäß sein besonderes Bild vom Künstler macht, dem die siebzehn anderen unter keinen oder notfalls nur unter eingeräumten Umständen entsprechen – warf sich die Frage auf, wie sie alle miteinander unter einen Deckel zu bringen seien.

Achtzehn unter einem Deckel sind zu viel, und sechs unter drei Deckeln wären zu wenig, was zu neuerlichen Fisimatenten führt, denn bei neun unter zwei Deckeln würde es einen ersten und einen zweiten, oder einen einen und einen anderen, oder einen alphabetisch vorrangigen und einen alphabetisch hinterrangigen, oder gar einen gegenständlichen und einen ungegenständlichen Deckel geben.

Kein Künstler liegt gern unter einem zweiten, oder unter einem anderen, oder unter einem alphabetisch hinterrangigen, und schon gar nicht gern unter einem ungegenständlichen Deckel, nicht nur wegen des hintergründigen Ansehens eines ersten, eines einen, eines alphabetisch vorrangigen oder eines gegenständlichen Deckels, sondern auch aus Gründen des vordergründigeren Ansehens: der Betrachter wirft seinen ersten Blick auf den ersten, auf den einen, auf den alphabetisch vorrangigen und auf den gegenständlichen Deckel, ohne zu bedenken, daß oft das zweite und das andere erst das besondere sind, geschweige denn, daß kein Künstler eine Schuld an dem Anfangsbuchstaben seines Namens oder gar an der Anhänglichkeit zu der Art und Weise seiner Kunstauffassung trägt.

Was lag also bei achtzehn Farbe bekennenden Menschen näher, als sich halb und halb unter einem so- und einem andersfarbigen Deckel zu vereinigen, allerdings ohne dem bekennenden Übermut zu erliegen, diese Deckel den so- und den andersfarbigen zu nennen, da ja der sofarbige das höhere Ansehen des ersten, des einen, des alphabetisch vorrangigen und des gegenständlichen, der andersfarbige aber nur das geringere Ansehen des zweiten, des anderen, des alphabetisch hinterrangigen und des ungegenständlichen Deckels genießen würde.

Und weil man nun also nicht sagen kann, daß es einen so- und einen andersfarbigen Deckel gibt, um von vorneherein auch hier Fisimatenten über höheres und geringeres Ansehen schon gar nicht aufkommen zu lassen, schlägt man vor: wie wäre es einfach mit einem schwarzen und einem roten, oder mit einem grünen und einem gelben, oder mit einem blauen und einem braunen, das heißt aber auch mit einem roten und einem schwarzen, oder mit einem gelben und einem grünen, oder mit einem braunen und einem blauen Deckel? Wie wäre es mit Kombinationen aus violett und orange, aus reseda und lila, aus karmesin und türkis?

An dieser Stelle würde das Vorhaben aber zum ersten Male auch im Hinblick auf den Außenseiter heikel werden. Nicht genug, es bei Fisimatenten der Künstler untereinander zu belassen, würde hier der Betrachter und Teilnehmer veranlaßt werden, Flausen und Faxen, Getue und Finten, Mätzchen und Schnickschnack, Umstände und Ausflüchte zu machen, denn die einen würden doch sehr befangen nach einem schwarzen Deckel greifen, wenn auch ein roter da läge, und die andern wären zeit ihres Lebens vom schlechten Gewissen geplagt, wenn sie dem roten Deckel den Vorzug vor dem schwarzen gegeben hätten.

Aber niemand soll denken, daß nicht auch eine Wahl zwischen grün und gelb zu erheblichen Skrupeln führen würde, ganz zu schweigen von diesen ausgefallenen Kombinationen, die den Betrachter und Teilnehmer in heillose Verwirrung stürzen könnten.

Dennoch soll die Farbe bei Farbe bekennenden Menschen

das Merkmal der Unterscheidung bleiben, und so trägt nach langen Fisimatenten der erste Deckel die Andeutung dieser einen und der zweite Deckel unbeschadet die Andeutung dieser anderen Farbe, ohne daß der Betrachter und Teilnehmer je wissen kann, welche Farbe die des ersten und welche Farbe die des zweiten Deckels ist. Der Betrachter und Teilnehmer ist ganz auf seine Vorliebe für die eine oder für die andere Farbe verwiesen und auf das Verzeichnis der Namen, das ein Würfelwurf ergab. Aber wer will als Betrachter und Teilnehmer schon Fisimatenten machen und sich auf eine dieser beiden Farben oder Namensverzeichnisse versteifen, wo doch beide schön und einzigartig und begehrenswert sind.

Nun ist es aber nicht so sehr die Verschiedenheit der bildenden Künstler untereinander, die diese zu fortwährenden Fisimatenten veranlaßt, sondern es ist vor allem die Verschiedenheit von bildenden Künstlern und Literaten, von Farbe bekennenden und Wörter bekennenden Menschen, was damit zusammenhängt, daß die bildende Kunst und die Literatur zweierlei Erscheinungen sind. Während nämlich die bildende Kunst eine ausgesprochen materielle Erscheinung ist, ist die Literatur durch und durch ideal veranlagt, was zur Folge hat, daß die bildenden Künstler Materialisten von bestem Schrot und Korne sind, die Literaten hingegen zarte Idealisten.

Das liegt, wie gesagt, in der Natur der Sache, denn die bildende Kunst ist so eng an die materialen Vorgänge mit Papier und Bleistift, mit Wasser und Farben, mit Öl und Terpentin, aber auch an Reiben und Schaben, an Spachteln und Sieben, an Kratzen und Stechen gebunden, so daß jedes Atelier voller Pinsel und Stifte, voller Spachteln und Stichel, voller Lappen und Tuben, und infolgedessen das Produkt dieser materialen Bemühungen nichts anderes als dieses Geriebene und Geschabte, dieses Gekratzte und Gestochene, dieses Gespachtelte und Gesiebte ist, während die Literatur als idealer Vorgang mit Bleistift und Papier auskommt und sich ihr Produkt erst jenseits des Geschriebenen und Gedruckten entfaltet.

Daraus geht nun hervor, daß diese Farbe bekennenden bildenden Künstler, von den materialen Vorgängen und Produkten ihrer Kunst unausweichlich zu materiellen Konsequenzen gezwungen, in einem Widerspruch zu den Wörter bekennenden Literaten stehen, die ja nur die ideellen Folgen kennen, welche sich aus ihren idealen Vorgängen und Produkten ergeben.

Für die Farbe bekennenden bildenden Künstler ist ihr materiales Produkt zugleich auch mit dem Verkaufswert oder -unwert dieses Produktes innigst verbunden, während die Wörter bekennenden Literaten nicht hoffen können, daß ihnen das mit ihren idealen Wörtern bedruckte Stück Papier im gleichen Maße zu bezahltem Buche schlägt. Und so kommt es zu diesem kuriosen Paradox: bei den Farbe bekennenden Materialisten zählt das Einzelstück am meisten, bei den Wörtern bekennenden Idealisten kommts auf die Masse an.

Die bildenden Künstler, die nun aber als Materialisten vor allem den Wert ihrer materialen Gebilde zu schätzen gewohnt sind, schmähen naturgemäß die material wertlosen Idealgebilde der Literaten, was zur Folge hat, daß sie spornstreichs Fisimatenten zu machen beginnen, sobald ihre materialen und die idealen Produkte der Literaten gleichermaßen zu Buche schlagen sollen. Und nichts als dieser Umwandlungsprozeß von ungleichem Material in gleiches Kapital trägt schuld daran, daß die Fisimatenten der bildenden Künstler den Literaten so viel Ungemach bereiten. Wer hätte je gedacht, daß sich der materiale Vorteil der bildenden Kunst zum materiellen Nachteil der Literatur auswirken würde!

So befinden sich folglich die achtzehn materialen Produkte von Materialisten und die beiden idealen Produkte von Idealisten völlig ungleichwertig zwischen diesen beiden verschiedenfarbig gefaßten Deckeln. Nur unter Aufbietung aller menschenmöglichen Kräfte ist das Scheitern dieses gemeinsamen Vorhabens von Farbe und Wörter bekennenden Menschen abzuwenden. Welches Ausmaß an Fisimatenten muß erduldet und überwunden werden, um dem asozialen Materialisten des auf geringer Stückzahl bedachten Farbe bekennenden Menschen mit dem sozialen Idealismus des auf Masse bedachten Wörter bekennenden Menschen mit Gerechtigkeit zu begegnen.

Denn nur um der Gerechtigkeit willen und zur Vermenschlichung des materialistischen bildenden Künstlers überwindet der Literat seine idealistische Zurückhaltung und tritt für Gleichheit und Brüderlichkeit bei der Kapitalisierung der ungleichen Produkte ein, das heißt, er erinnert den bildenden Künstler an das brüderliche Teilen, wo dieser es aus der Sache heraus gar nicht zu tun brauchte.

An dieser Stelle, wo der asoziale Materialismus des bildenden Künstlers und der soziale Idealismus des Literaten aufeinandertreffen, findet Hochzeit statt, freilich Hochzeit mit Fisimatenten, was ja eigentümlich für Hochzeiten überhaupt ist. Der bildende Künstler als Materialist umarmt den idealistischen Literaten und drückt ihm den materialen Brautkuß auf die ideale Stirn.

Dieser Vorgang des Aufdrückens, zutiefst bezeichnend für sein ganzes materiales Verhalten – denn mit seinen Lippen verfährt er nicht anders als mit seinem Pinsel – enthebt den bildenden Künstler für Augenblicke seiner materialistischen Körperlichkeit, während das Aufgedrücktwerden, das ja so sinnbildlich für idealistisches Verhalten ist – denn auf seiner Stirne und dahinter öffnen und schließen sich seit eh und je die Falten des Empfangens – beim Literaten materiale Wonnen hervorruft, die sich unverzüglich in diese bekannte Geistigkeit zurückverwandeln.

So fällt mir als Wörter bekennendem Menschen nach all meinen Flausen und Faxen, Getue und Finten, Mätzchen und Schnickschnack, Umständen und Ausflüchten am Ende nur noch die Aufgabe zu, die Heiratsurkunde auszustellen. Aber auch diese ist nichts anderes als eine Fisimatente, denn dieses »ordnungsmäßig verdiente Patent«, dieses visae patentes, kam nur durch Fisimatenten, durch »überflüssige bürokratische Schwierigkeiten«, zustande.

Hochzeit zwischen bildenden Künstlern und Literaten, welch ein Fest! O ihr Betrachter und Teilnehmer, laßt sie zusammenkommen und sich umarmen, diese Aufdrücker und diese Aufgedrücktwerdenden! Erinnert euch an jene spanischen Marketender, die die schönen saarländischen Töchter in ihre Zelte lockten, indem sie sagten: »Visa ma tente!« Seid nicht prüde wie deren Väter und Mütter und sagt nicht »Es werden keine Visamatenten gemacht!« Laßt sie in die Zelte schlüpfen, diese pinselschwingenden Materialisten und diese gepinselten Idealisten, denn seht: schön sind die Produkte ihrer Fisimatenten, einzigartig und begehrenswert!

Kulturaustausch

Wer tauscht was mit wem?
Mahfoud Kaddache, Professor
an der Universität von Algier,
sagte: Algier ist
wie ein Garnknäuel.
Ein saarländischer Volks-
schüler antwortet:
Das Saarland ist
ein gestrickter Kinderpullover.
Saarländische Künstler
reisen nach Algier,
um dort ihre grafischen
Textilien zu verkaufen.
Sie werden neue Gewebe wirken,
wenn sie mit algerischen Fäden
zurückkehren.
Ein realistischer Kulturaustausch.

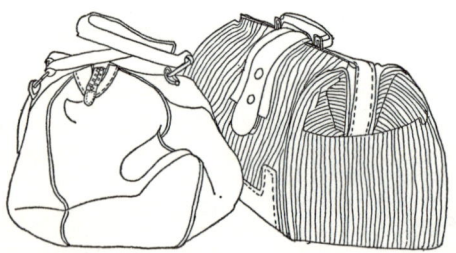

Kunst und Kapital
Ausstellungseröffnung für Hans Dahlem

Ich habe zwei Erinnerungen an die Dresdner Bank. Die erste
rührt von meiner Tante Erna, die zweite rührt von meinem
Freund, dem Burgunder, her. Meine Tante Erna war in ihren
jungen Jahren Angestellte der Dresdner Bank, sie hat ihr ein
gutes Gedächtnis bewahrt. Mein Freund, der Burgunder, hatte
vor einigen Jahren IOS-Papiere bei der Dresdner Bank gekauft, er hat ihr ein schlechtes Gedächtnis bewahrt. So sind
meine Erinnerungen an die Dresdner Bank eigentlich nur sehr
indirekt Erinnerungen, eher schon sehr gründlich vermittelte
Erlebnisse. Zu diesen indirekten Erinnerungen kommt heute
ein sehr direktes Erlebnis, und zu dem guten und dem schlechten Gedächtnis kommt das gemischte Gefühl hinzu.

Was meine Tante Erna angefochten hat, als Angestellte bei
der Dresdner Bank zu arbeiten, und was meinen Freund, den
Burgunder, angefochten hat, die gekauften IOS-Papiere bei
der Dresdner Bank arbeiten zu lassen, ist leicht einzusehen, es
war der Reiz des Kapitals. Was hingegen meinen Freund Hans
Dahlem, einen Maler, anficht, seine Bilder bei der Dresdner
Bank auszustellen, ist auf den ersten Blick nicht einzusehen,
aber auf den zweiten begreift man rasch: es ist der Reiz der
Kunst. Beides, die Kunst und das Kapital, sind nun aber der
Vermittlung unterworfen, der Künstler und der Bankier sind
bestrebt, ihre Mittel unter die Leute zu bringen, und siehe da:
Geld und Bilder werfen Zinsen ab, das Kapital vermehrt sich,
Bankier und Künstler sind vertrauenswürdig, sie haben Kre-
dit.

Aber was ficht einen Schriftsteller an, dessen Tante der
Dresdner Bank ein gutes und dessen Freund derselben ein
schlechtes Gedächtnis bewahrt haben, seinerseits mit gemisch-
ten Gefühlen die Ausstellung eines Malers in der Dresdner
Bank zu eröffnen? Es kann nicht der Reiz der Kunst, und es

kann auch nicht der Reiz des Kapitals sein; nein, es ist der Reiz des Zusammenhangs von Kunst und Kapital. Zwischen Kunst und Kapital herrscht ein verhängnisvoller Zusammenhang, der immer gemischte Gefühle hervorruft. Wie kommt das?

Es ist der reziproke Sympathiezusammenhang, quasi eine dialektische Liebe, die dieses gemischte Gefühl erzeugt. Denn bei allem Gemeinsamen haben Bankier und Farbe bekennender Künstler etwas Trennendes, und bei allem Trennenden haben Bankier und Wörter bekennender Schriftsteller etwas Gemeinsames. Das hängt wie folgt zusammen. Dort, wo sich Bankier und Künstler treffen, ist es ihnen ernst, sie sind in die Arbeit verwickelt; aber dort, wo sich Bankier und Schriftsteller treffen, machen sie sich einen Spaß, sie tummeln sich im Spiel.

Bankier und Künstler ist es ernst, sie wuchern mit ihren Pfunden; Bankier und Schriftsteller dagegen spielen, sie operieren, aber sie bluffen auch. Nun wuchert der Bankier mit ganz anderen Pfunden als der Künstler, der eine mit monitären und der andere mit moralischen, aber im Spiel sind sich Bankier und Schriftsteller gleich. Der Bankier spielt mit Zahlen, der Schriftsteller spielt mit Wörtern, aber das kommt am Ende auf dasselbe hinaus. Es ist nicht wie mit den Pfunden des Bankiers und den Pfunden des Künstlers, die ihre Befriedigung in sich selbst finden; Zahlenspiel und Wörterspiel laufen auf Beeinflussung hinaus. Die Pfunde sind es, die Bankier und Künstler trennen, hie der monitäre, dort der moralische Mensch; aber die Spiele sind es, die Bankier und Schriftsteller vereinen, eine destruktive Clique.

Das, was Bankier und Künstler trennt, ist der Zufall wie beim »Mensch-ärgere-dich-nicht«, das, was dem Bankier und dem Schriftsteller gemeinsam ist, ist die Berechnung wie beim Pokern. Sobald Bankier und Künstler zusammen auftreten, haben sie Kredit und Vertrauenswürdigkeit, dank des Künstlers; sie liegen sich in den Haaren wie ein Ehepaar, redlich, auf Treu und Glauben; sobald aber Bankier und Schriftsteller gemeinsam erscheinen, folgt ihnen der Mißkredit und der schlechte Ruf, dank des Schriftstellers; sie liegen sich in den Armen wie ein Liebespaar, aber der eine trachtet nach des anderen Verderben.

Während es nämlich der Bankier darauf angelegt hat, in endlichen Spielen mit vollständiger Information, in endlichen Spielen mit unvollständiger Information, in unendlichen Spielen mit vollständiger Information und in unendlichen Spielen mit unendlicher Information, dazu in Verfolgungs-, in Nullsummen- und in Warte-, in Matrix-, in Polynom- und in Symmetriespielen zusammen mit Politikern und Wirtschaftern einen Nutzen zu erzielen, hat der Wörter bekennende Schriftsteller nichts anderes im Sinn, als mit seinen Wörterspielen diesem Nutzen zu schaden.

Der Nutzen der Wörter ist der Schaden des Kapitals, leider nur ein sehr geringer. Das Wörterspiel »korrumpiert die Arbeitswelt, bedeutet wie jeder Leerlauf einen Gegenzug zur Industrie, treibt die Kategorie des Nutzens in den Schatten zurück«, ein Satz von Max Bense. Das Zahlenspiel des Bankiers ist auf Nutzen gerichtet, das Wörterspiel mit seinem »zärtlichen Zug zur Anarchie« aber auf die Destruktion dieses Nutzens.

Die Farbenspiele des Farbe bekennenden Malers haben es gut, sie ereignen sich an der Wand des Bankiers, aber der Wörter bekennende Schriftsteller redet so lange, bis sich am Ende der Bankier und der Künstler in den Armen und er selbst und der Bankier in den Haaren liegen. An der Wand hängen die Bilder meines Freundes Hans Dahlem, sie sind über jeglichen Nutzen hinaus, sogar schon über den Nutzen des Schadens. Sie haben, und das ist die zweite Hälfte des Satzes von Max Bense, ihren Gegenzug gegen »die Gewinne, die Mehrwerte, die Ausbeutung, das Unrecht der Gesellschaft, den Ekel« schon getan, nur sehr viel weniger spektakulär wie die Wörter des Schriftstellers. Sie haben es weit gebracht, denn sie verzaubern schon, wo die Wörter des Schriftstellers noch räsonieren.

Und so liegen sich am Ende der Farbe bekennende Maler und der Wörter bekennende Schriftsteller in den Armen, und der Bankier steht da, ganz allein mit seinem Nutzen, der so schädlich ist. Und dabei wäre es ein Glück für ihn, wenn der Maler seine Farben- und der Schriftsteller seine Wörterspiele nicht umsonst gespielt hätte! Der Maler und der Schriftsteller liegen sich letzten Endes in den Armen, aber es ist nicht so, als ob nicht jeder noch eine Hand frei hätte. Jetzt kommt es ganz auf den Bankier an!

Mein lieber Hans aus Blieskastel
– ein Bildwerk und kein Gebastel –
gebaut wie ein Moore,
trägt hinten Velour,
und vorne trägt er die Quastel.

zum Geburtstag am 29. 7. 1973

Meine Damen und Herren, das, was ich Ihnen hier zeige, ist das Signum der Wissenschaft, die die Metaphysik in dem Maße übersteigt, wie diese die Physik, es ist das Signum der Wissenschaft aller Wissenschaften, nämlich der ›Pataphysik‹ (der Festredner zeigt einen aus Kranzkuchenteig gebackenen Kuchen in Form einer Spirale), es ist die Grande Gidouille, in deren Orden unser gefeierter Preisträger den Rang eines Regenten bekleidet.

Diese Grande Gidouille als Signum der ›Pataphysik‹ zeigt von seiner Entstehung her einen spiralförmigen Verlauf, nicht von außen nach innen, sondern von innen nach außen. Aus einem Kern entwickelt sich ein Ding, das Ding ist seinem Wesen nach in diesem Kern enthalten, es ist folglich nicht eine Vergrößerung des Kerns als Ding, sondern es ist die Übersetzung des Wesens dieses Kerns als Ding, und diese Übersetzung zeigt dabei die Form einer Spirale. Übersetzung in dem Sinne ist die Entwicklung eines Kerns zu einem Ding, wobei im Kern alles enthalten ist, was das Ding am Ende ausmacht.

Bei dieser Art der Übersetzung geht es aber nicht um das Ändern der äußeren Drehzahl zwischen einer antreibenden und einer angetriebenen Welle, wie z. B. beim Fleischwolf oder bei der Häckselmaschine, sondern es geht um das Ändern der inneren Drehzahl zwischen antreibenden und angetriebenen Wörtern. Und da nicht Wellen, sondern Wörter gedreht und gewendet werden, sind es nicht Zahnräder, Schrauben und Nocken, sondern es ist die Spirale und es sind die dieser Spirale eigentümlichen Windungen, die diese besondere Art von Übersetzung bewerkstelligen und versinnbildlichen.

Schon Alfred Jarry, der diese Spirale als Signum der ›Pataphysik‹ erfunden hat, fordert beim Bau seiner berühmten Maschine zur Erforschung der Zeit, daß die drei Schwungräder der Gyrostaten in den drei waagerechten Ebenen des euklidischen Raums aus kupferbeschlagenem Ebenholz, in Richtung ihrer Achsen auf ein Gestänge aus spiralförmig gewickeltem Quarzblech montiert sein müßten, um die Maschine durch die gyrostatischen Wirkungen für die aufeinanderfolgenden Zeiträume transparent zu machen.

Worauf es also ankommt, ist diese eigenartige Form der Spirale. Und so ist es nichts anderes als das Transparentbleiben in der Aufeinanderfolge, was Eugen Helmlé als Übersetzer erkannt und bei der Entstehung aller seiner vielen Arbeiten beherzigt und angewendet hat, nämlich die Nachzeichnung einer Spirale. Aus dem Kern der französischen oder der spanischen Sprache hat er nicht diesen Kern in der deutschen Sprache nachgebildet, sondern er hat mit den deutschen Wörtern zuerst einmal eine Spirale gezeichnet, bevor sie sich am Ende zu diesem Ding gerundet haben, das wir seine Übersetzung nennen.

Aber bleiben wir geduldig bei der Spirale und vergegenwärtigen wir uns, wie Eugen Helmlé die deutschen Wörter drehen und wenden, wie er sie von vorne und von hinten, von links und von rechts, wie er sie sozusagen von allen Seiten betrachten und untersuchen muß, um schließlich dieses Ding zustande zu bringen. Bei diesem Drehen und Wenden, diesem Betrachten und Untersuchen der Wörter geht es um die Transparenz, um diese wechselnde Durchsichtigkeit in ihrer zeitlichen Aufeinanderfolge, und nicht um ihr räumliches Nebeneinander. Eugen Helmlé ist folglich nicht der unschöpferische Wörterbuchübersetzer, sondern er ist das schöpferische Übersetzerwörterbuch; er ist nicht der Übersetzer, der das Wörterbuch mit dem räumlichen Nebeneinander der Wörter benutzt, sondern er selbst ist das lebende Wörterbuch, aus dem in zeitlicher Aufeinanderfolge die Sprache quillt. Und so sind die Übersetzungen Eugen Helmlés Verwandlungen von Abfolgen, die immer wieder auf den Kern zurückweisen, auf besondere Art zu diesem Kern zurückkehren, ja, diesen Kern auf neue Weise im Gedächtnis bewahren.

Schon aus Alfred Jarrys Maschine zur Erforschung der Zeit war folgende Definition abzuleiten: »Die Dauer ist die Verwandlung einer Abfolge in eine Umkehr. Das heißt: das Werden eines Gedächtnisses.« Auf diese Weise sind Eugen Helmlés Übersetzungen mit Dauer identisch.

Aber diese Spirale ist ja nicht Signum der ›Pataphysik‹ und Anschauungsmaterial zur besseren Erläuterung des Vorgangs der Übersetzung, nein, diese Spirale ist auch gebacken. Auch als Backwerk zeigt diese Grande Gidouille von ihrer Entstehung her wie das Übersetzen einen spiralförmigen Verlauf, gleichfalls nicht von außen nach innen, sondern von innen nach außen, ganz so, wie der Bäcker dieser Spirale gedacht und gehandelt hat. Denn wer bäckt, versteht auch etwas vom Übersetzen, und wer übersetzt, versteht seinerseits etwas vom Backen, und zwar hausgemacht und professionell. Eine Hausfrau oder ein Laienbäcker, wie die Hobbybäcker in den Backstuben der Volkshochschulen, haben durch die Metamorphosen des Sauerteigs eine tiefe Einsicht in die Verwandlung der Sprachen sowie die Laienübersetzer und die Hobbytranslaten, wie zum Beispiel die Studienräte, die Max und Moritz ins Lateinische übersetzen, durch die Verwandlungen der Sprachen eine tiefe Einsicht in die Metamorphosen des Sauerteigs haben. Und erst gar die Professionals!

Schaut die Brot- und Kuchenbäcker und schaut die Konditoren! Schaut die Übersetzer lyrischer und dramatischer, und schaut die Übersetzer der gewaltigen Romanwerke! Wie gewinnen die einen aus dem Sauerteig walkend und knetend, verborgen und geheimnisvoll, mählich die Zutaten dosierend und schließlich bräunend Brot und Brötchen, Kuchen, Kaffeestückchen und Weihnachtsplätzchen, und wie entwickeln die andern aus den einen Sprachen, die Wörter drehend und wendend, wie jene verborgen und geheimnisvoll, Grammatik dosierend, Morpheme, Moneme, Lexeme, Glosseme extemporierend, das Gebilde der anderen Sprache, bevor sie letzte Hand anlegen und auch ihr Produkt die letzte Bräune gewinnt.

Und schaut erst Eugen Helmlé, der in beides eine tiefe Einsicht besitzt und beides, das Backen und das Übersetzen, in wahrer Vollkommenheit beherrscht! Die Metamorphosen des Sauerteigs sind ihm ebenso vertraut wie die Verwandlungen der Sprachen ineinander, und wenn Eugen Helmlé die lebendigen, diese gärtüchtigen Hefepilze in Gang setzt, wenn der geknetete Teig in Rohfassung die innige Mischung mit der bewegenden Hefe ein- und wenn dieser dann aufgeht und das freigewordene Wasser sich an die Stärke bindet, dann runden sich Brot zur Sprache, dann findet sich Nutzen zu Genuß: bei Raymond Queneau und bei Alfred Jarry, bei René de Obaldia und bei Georges Perec, bei Christiane Rochefort und bei Jacques Serguine, bei François Nourissier und bei Etiemble, bei Gabriel Chevallier und bei René Pacaut, bei Max Aub und bei Vincente Aleixandre. Und so gehen die Produkte Eugen Helmlés zu allen Menschen deutscher Zunge, vom tiefen Norden bis zum hohen Süden, vom fernen Osten bis zum nahen Westen, und alle Menschen weit und breit nehmen teil an diesem nützlichen Genuß und genießen diesen Nutzen in Dankbarkeit und Glück.

So laßt auch uns diese gebackene Übersetzung als übersetztes Backwerk gemeinsam essen, damit wir durch die Verwandlung einer Abfolge in eine Umkehr ein Gedächtnis für den Anfang bekommen, der ja bekanntlich das Wort ist. Seien Sie unbesorgt, es ist niemandes Leib im Spiel (der Festredner zerteilt den aus Kranzkuchenteig gebackenen Kuchen in Form einer Spirale und bietet die Stücke der begehrlichen Festgemeinde reihum zum Schmause an).

> Übersetzung
> ist nicht wenig
> sie ist Ätzung
> sie ist sehnig
> sie ist Letzung
> und Eugenik

Zwischen St. Wendel und Baltersweiler steigt die Straße mächtig an. Oh, da bricht einem der Schweiß aus, wenn man zu Fuß auf die Höhe geht! Zuerst beschreibt die Straße ein paar halsbrecherische Kurven, wendet sich hierhin nach einem Haus und dorthin nach einem Baum, aber bald führt sie schnurstracks nur noch an Feldern und Wiesen vorbei. Die Felder und die Wiesen neigen sich in sanften Mulden talabwärts, die Felder mit ihrem Getreide und die Wiesen mit ihrem Gras.

Jahrein, jahraus geht eine Frau über diese Straße. Sie trägt ein langes, blaues Kleid, das bis auf den Boden reicht. Sie geht am Rand der Straße, im Winter streift der Saum ihres Kleides über den Schnee und im Sommer berührt er den Mohn, der dort am Wege steht. Die Frau geht ohne Hast, mit langen Schritten. Immer an der gleichen Stelle biegt sie von der Straße ab, verschwindet plötzlich in einer Mulde und ist nicht mehr zu sehen. Wer es nicht weiß, der würde sie nicht für einen besonderen Menschen halten. Aber sie ist eine Fee, und die Blumen in ihrem langen Kleid waren nicht immer darin. Sie hat sie am Wegrand gepflückt und in das Tuch gezaubert.

Am Fuß der Mulde stehen ein paar Bäume, Tannen und Akazien, dort wächst Knöterich und Löwenzahn, und im Gras riecht es nach Pilzen. Mitten zwischen den Bäumen liegt ein kleines Haus. Es ist ganz aus Holz gebaut. An der einen Hauswand sind Malven gepflanzt, und an der anderen reckt sich ein Holunderstrauch in die Höhe. Das Haus besteht nur aus einer Küche und einer Kammer. In der Kammer gibt es neben dem Bett einen kleinen Schreibtisch, und draußen vor dem Haus liegen Hämmer und Meißel herum. Hier wohnt die Fee.

Aber sie lebt nicht allein in dem kleinen Haus, denn die Hämmer und die Meißel wären ja viel zu schwer für ihre zarten Feenhände. Oh, wie stark muß ein Mensch sein, der diese Hämmer und diese Meißel in die Höhe heben kann! Das kann nur Leo, der Pflasterkönig. Der Pflasterkönig ist nämlich ihr Mann, und beide leben sie in großem Frieden zusammen. Leo ist ein Bildhauer, und die Fee ist eine Dichterin.

Das war aber nicht immer so. Es gab eine Zeit, da war die Fee noch keine Fee, und auch der Pflasterkönig war noch kein Pflasterkönig. Die beiden lebten in dem kleinen Haus, ein einfacher Bildhauer und eine schlichte Dichterin, und ein Tag war wie der andere. Jeden Morgen flog die Meise in den Holunderbusch und zwitscherte so laut, daß Leo ganz vergnügt mit seinem Hammer auf den Meißel schlug, und am Abend schien die Sonne durch das Fenster der Kammer auf ein Blatt Papier, das über und über mit den Buchstaben und den Wörtern der Dichterin bedeckt war. In dem kleinen Haus gibt es kein elektrisches Licht aus der Steckdose und gibt es auch kein fließendes Wasser aus dem Wasserhahn. Ganz hinten, wo ein kleiner Bach zwischen den Hecken und den Sträuchern fließt, da steht ein Brunnen, der ist voller Wasser, und überall auf den Gartentischen und auf den Steinplatten hinter dem Haus, da gibt es silberne Kerzenhalter mit Kerzen, die geben ein helles Licht, das in den Nächten bis zu dem Bauernhaus zu sehen ist, das auf der anderen Seite der Wiese liegt.

Eines Tages geschah etwas ganz Merkwürdiges. Das heißt, es gibt etliche, die sagen, man wisse es gar nicht so ganz genau, ob überhaupt etwas geschehen ist. Niemand hat es gesehen, aber irgend etwas Besonderes muß sich zugetragen haben, denn über Nacht ging mit dem Bildhauer und der Dichterin eine Veränderung vor. Die Dichterin wurde in eine Fee, und der Bildhauer wurde in einen Pflasterkönig verwandelt. Ja, wer weiß, was sich dort in dem kleinen Haus zugetragen hat! Was es auch immer gewesen sein mag, es gibt nur eine Erklärung. Es muß eine Fee gewesen sein, die diesen Zauber bewirkt hat, denn nur Feen haben die Macht, eine Frau in eine Fee und einen Mann in einen Pflasterkönig zu verwandeln. Wer weiß, ob es nicht die berühmte französische Fee von Perrault gewesen ist, die in dieser Nacht von Paris nach St. Wendel gekommen war! Es ist nämlich gar nicht so weit von Paris bis nach St. Wendel, wie man glaubt, und für so eine berühmte Fee wie die Fee von Perrault ist es nur ein Husch. Nein, niemand hat etwas gesehen, aber es ist doch etwas zu hören und auch zu riechen gewesen.

Es war ein schöner Abend im Sommer, und es war so warm, daß alle Menschen in ihren Betten lagen und nicht einschlafen konnten. Da ertönte ein seltsamer Klang, der weithin zu hören war, und gleich darauf zog ein feiner Duft über das ganze Land. Wenn man es recht bedenkt, so konnte es nichts anderes gewesen sein als ein Stein, der von dem Herzen der Fee zu Boden gefallen und eine Rose, die aus dem Munde der Fee in die Luft geschwebt war. Aber was hatte die Fee bewogen, einen Stein aus ihrem Herzen und eine Rose aus ihrem Mund zu lösen?

Ja, wer Leo und seine Dichterfrau kennt, der kann es leicht erraten. Die Fee von Perrault hatte zwei gute Menschen gefunden, was gar nicht so einfach ist, auch nicht für eine Fee, denn gute Menschen gibt es nicht viele auf der Welt. Aber sie hatte diese guten Menschen nicht einfach nur als gute Menschen gefunden, nein, es war ihr von diesen guten Menschen auch Gutes widerfahren, was ja noch viel schöner ist. Die Fee hatte einen Stein von Leo in die Hand und ein Wort von der Dichterin in den Mund genommen, und mit einem Male spürte sie, wie ein beglückendes Gefühl durch ihren Körper zog.

Da wandte sich die Fee von Perrault an die Dichterin und sagte: »Hab Dank, liebe Dichterin, du bist so gut, daß ich dir etwas schenken will. Ich schenke dir die Gabe, daß dir, wenn du sprichst, mit jedem Worte eine Rose und ein Edelstein aus dem Munde fallen sollen. Nimm die Rose in die Hand, und schon verwandelt sie sich unter deinen Fingern in ein Gedicht. Das Gedicht aber soll ein Gegenstand der Lust für alle werden, die es hören oder lesen.«

Und dann wandte sie sich an Leo und sagte: »Hab Dank, lieber Bildhauer, auch du bist so gut, daß ich dir etwas schenken will. Nimm du den Edelstein, der aus dem Munde deiner Frau fällt, in die Hand, und schon verwandelt er sich unter deinen Fingern in ein Bildwerk. Das Bildwerk aber soll ein Gegenstand der Lust für alle werden, die es in die Hand nehmen und darüber streichen.« Und die zauberischen Eigenschaften der Fee gingen auf den Bildhauer und auf die Dichterin über, und die Dichterin verwandelte sich in eine Fee, und der Bildhauer verwandelte sich in einen Pflasterkönig.

Da leben sie nun in ihrem kleinen Haus aus Holz, Leo und seine Fee, und wenn die Fee sagt: »Wenn ich zaubern könnte, wünschte ich mir einen Triebwagen um Mitternacht«, dann fallen gleich sechs Rosen und noch fünf Edelsteine dazu aus ihrem Mund. Die Rosen verwandeln sich in ein Gedicht, das ein Triebwagen aus lauter Wörtern ist. Und die Fee steigt um Mitternacht in den Triebwagen und reist bis nach Wien. Die Edelsteine aber verwandeln sich unter den Händen Leos in lauter Gegenstände der Lust, mit denen er in Wien den Boden pflastert, damit seine Fee nicht über den häßlichen Asphalt zu gehen braucht, wenn sie mit ihrem mitternächtlichen Triebwagen ankommt. Und auch das blaue Kleid mit den Blumen von den St. Wendeler Wiesen braucht ja in Wien nicht gerade den Staub von der Straße zu wischen.

Dieses ist keine erfundene Geschichte, in der etwas vorkommt, was so aussieht, als sei es wirklich geschehen. Dieses ist ein Märchen wie alle Märchen, und es ist wie alle Märchen wahr.

Alfred Gulden ist ein Roter. Er hat sogar rote Haare. Wenn
du Rote in einen Sack steckst und mit einem Stock drauf-
schlägst, dann triffst du immer den Rechten, heißt ein hiesiges
Wort. Die Roten sind also die Rechten, wenn es ums Knüp-
peln geht, und seien es auch die Linken. Alfred Gulden ist
aber kein roter Parteigänger, kein Linientreuer, kein Mitläu-
fer, kein Spießgeselle, er ist der Dickkopf, der Trotzkopf, er
hat »naischt wii Firz em Kopp«, und diese Fürze in seinem
roten Querkopf sind nicht nur krause Einfälle und komische
Ideen, sondern es sind die Anwandlungen des Zweifels, es ist
das Aufblitzen der Bedenken. In einem Gedicht beschreibt er
sich als Einjähriger. Er ist, wie andere Einjährige auch sind,
aber auch anders. Er schneidet Gesichter, keine Nase, kein
Finger ist vor ihm sicher, er wirft im Weihnachtskrippchen die
Figuren um, er will nur mit der alten, lumpigen Puppe spielen. Er macht »Uwrasch«, wem ist er bloß nachgeschlagen?
Die einen sagen: »Der taugt nichts.« Die anderen sagen: »Der
weiß, was er will.« Alfred Gulden ist der ewige Widerspruch,
er ist der Narr, ein shakespearischer Narr.

In der Stadt Bergen in Norwegen hat es vor Jahren »Was
ihr wollt« auf dem Theater gegeben, der Narr Feste war ein
Rotschopf, ein Feuerkopf wie Alfred Gulden. Als die Ver-
wechslungskomödie an ihrem heiteren Ende angekommen
war, als alle Zuschauer im Saal auch auf den glücklichen Aus-
gang ihres eigenen Jammers hofften, da trat der rote Narr an
die Rampe, schlug in die Saiten seiner Laute und sang davon,
daß es im Leben nicht so zugehe wie in der Kunst, und er
entließ die Zuschauer in »vind og regn«, wie es auf norwegisch
heißt, in »wind and rain«, wie es im Englischen, oder in »Wind
un Rään«, wie es, nahezu gleichlautend, im Saarländischen
heißt. Dahin entläßt auch Alfred Gulden die Leser seiner Gedichte, in Wind und Regen eines Gewitters, bei dem einem

Hören und Sehen vergeht. »Der Wind sagt es«, heißt es da, aber auf Rodener Platt, das man nicht so schnell verlernt, »der Wind sagt es, ... und der Regen tut gut.«

»Der Narr ist derjenige«, schreibt Leszek Kolakowski, »der zwar in der guten Gesellschaft verkehrt, ihr aber nicht angehört und ihr Frechheiten ins Gesicht sagt; jener, der alles anzweifelt, was als selbstverständlich gilt; gehörte er selbst zur guten Gesellschaft, so könnte er das nicht tun – in diesem Fall wäre er höchstens ein Salonärgernis: der Narr muß außerhalb der guten Gesellschaft stehen, sie von der Seite betrachten können, um die Nicht-Selbstverständlichkeit ihrer Selbstverständlichkeiten und die Nicht-Endgültigkeit ihrer Endgültigkeiten zu entdecken; andererseits muß er in der guten Gesellschaft verkehren, um ihre Tabus zu kennen und Gelegenheit zu haben, ihr Frechheiten ins Gesicht zu sagen... Die Philosophie des Narren ist eben jene, die in jeder Epoche dasjenige als zweifelhaft entlarvt, was als Unerschütterlichstes gilt, die die Widersprüchlichkeit dessen aufdeckt, was offenkundig und unbestreitbar scheint, die die Selbstverständlichkeiten des gesunden Verstandes der Lächerlichkeit preisgibt und Absurditäten recht gibt.«

Shakespeares Narren verkehren in der guten Gesellschaft, aber sie stehen außerhalb, und sie gesellen sich zu den Königen, um ihnen ihre Wahrheit zu sagen. Alfred Gulden verkehrt in der kleinbürgerlichen Gesellschaft, aber auch er steht außerhalb, und er gesellt sich zu jedermann, um ihm die Wahrheit zu sagen. Auch er schlägt die Laute wie der Narr Feste bei Shakespeare, auch er ist ein Roter. Der Narr sagt zu König Lear: »Du bist eine Null ohne Ziffern: ich bin mehr als du: ich bin ein Narr, du bist nichts.« Alfred Gulden sagt es zu jedermann. Da steht er an der Theke, am »Büffee«, wie man hier sagt, die knuppige Figur, mit rotem Haar und rotem Bart, und der blaue Blick hinter der Brille faßt den Jedermann ins Auge. Hier an der Theke haben sich die Aussichtslosen zusammengefunden, hier meinen sie, bei sich selbst zu sein, hier können sie sprechen, sie tauschen ihre Mißverständnisse aus, sie bekunden ihre falsche Solidarität. Hier, wo die Kriege und die Krüge, die »Krejch«, wie die Rodener sagen, zusammenkommen, hier ist das Schlachtfeld der Außersichgeratenen. Aber Alfred Gulden weiß, daß die Zuhausegebliebenen, die vor den Fernsehapparaten, noch schlimmer dran sind, sie sind daheim und sind sich doch fremd. Von Alfred Gulden, dem roten Narren, der ihre Sprache spricht, könnten sie lernen, warum.

»Tatsächlich ist in der Welt nichts getan, nichts geändert worden außer durch die Asozialen. Der Asoziale, das ist der Revolutionär, das ist der Ausdruck der Kritik. Diesen Widerspruch hat es immer gegeben: Die Geschichte kann nur durch die Asozialen gemacht werden, ohne diese gäbe es keine Veränderungen. Andererseits ist dem Begriff nach mit dem Asozialen keine Gesellschaft möglich.« In Ionescos Sinn ist Alfred Gulden ein Asozialer. Er ist nämlich ein Dichter, er ist Mundartdichter, der in Rodener Platt, einer Moselfränkischen Mundart, schreibt. Es gab Ernst Thrasolt und es gab Nikolaus Fox, die schöne moselfränkische Gedichte schrieben, aber ihre Heimat war die Idylle, die heile Geborgenheit. Alfred Guldens Heimat ist aber auch die rücksichtslose Arbeitswelt, die gewalttätige Erwachsenenwelt, und wenn er das Wort »hämlich« sagt, dann bohrt er nach, heimlich in doppeltem Sinne. In seinen Gedichten erinnert er sich an Fastnacht und an Hexennacht, an Kirmes und an Weihnachten, aber diese Erinnerungen in Versen sind nicht für den erbauenden Bergmanns- oder Bauernkalender geschrieben, sondern für das Plakat und für den Song, über die die Leute sich entrüsten.

In Alfred Guldens Büchern gibt es also auch keine Idyllen in der Manier Ludwig Richters, sondern unansehnliche Fotos von Kindheitsstätten, und die Nostalgie schmeckt bitter.

Das Wort, das Alfred Gulden am häufigsten in den Mund nimmt, ist das Wort »saan«. Er sagt das bereits Gesagte, das die Spatzen von allen Dächern pfeifen, aber er sagt es so närrisch, daß er dafür Prügel bekommt, wie der Narr in Shakespeares Stücken. Er steckt in einem Sack, auf den der Stock niederfährt. Der Stock trifft immer den Rechten, denn in dem Sack stecken nur Rote. Aber diese Rechten sind keine Falschen, sondern die richtigen Linken. »Die trifft der Stock zu Recht«, sagt der Jedermann. Wer aber die rechten Falschen sind, die richtigen Rechten oder die falschen Linken, das ist das Problem der Schwarzen. Dafür gibt Alfred Gulden keinen roten Heller. Er sagt: »Hanaich gesaat saadaich.« Das ist seine ganz konkrete Poesie.

Lobrede auf Walter Höllerer

Walter Höllerer ist ein Igel, aber mit Locken, anstatt mit Stacheln. Das hat einen großen Vorteil, man sieht ihm nämlich, unter Mühe und Arbeit durchs Leben schlägt«. Aber lebt Walter Höllerer ist widerborstig, ohne gleich mit den Borsten zu operieren. Er ist ein Igel, wie er bei Tiervater Brehm im Buche steht, »ein drolliger Kauz, welcher sich ehrlich und redlich, unter Mühe und Arbeit durchs Leben schlägt.« Aber lebt er den größten Teil des Jahres hindurch einzeln oder paarweise und führt er ein vollkommen nächtliches Leben, indem er sich erst nach Sonnenuntergang von seinem Tagschlummer ermuntert?

Hier schon entstehen die ersten Zweifel, ob man ihn überhaupt festlegen und in eine Nomenklatur einordnen kann. Walter Höllerer ist nämlich nicht nur ein Igel, sondern er ist auch ein Hase, von dem es bei dem alten Brehm heißt, er sei »ein gewandter Bursche, welcher besser bergauf als bergab rennen kann«. Damit ist Walter Höllerer besser beschrieben: ein drolliger Kauz und ein gewandter Bursche, einer, der sich ehrlich und redlich durchs Leben schlägt, indem er beständig bergauf rennt. Das erinnert an eine Geschichte, von der es heißt, sie sei lügenhaft zu erzählen, aber wahr sei sie doch. Und so ist es insgeheim ja auch: die Wahrheit ist gar nicht glaubhaft. Walter Höllerer ist nämlich der Hase und der Igel zugleich.

Indem ich das behaupte, komme ich in die Versuchung, die ganze Geschichte vom Hasen und vom Igel zu erzählen. Aber indem ich Walter Höllerer den Igel nenne, der zugleich der Hase, und den Hasen nenne, der zugleich der Igel ist, berühre ich das Wesentliche der Geschichte, daß nämlich die Beine zu besseren Dingen zu gebrauchen seien als zum Spazierengehen. Der Igel konnte ja allerhand vertragen, wie wir wissen, aber auf seine Beine ließ er nichts kommen, weil sie wirklich von

Natur aus krumm geraten waren, und so verließ er sich eher auf seine Pfiffigkeit, während der Hase, der auf seine Weise ein vornehmer, aber auch ein hochfahrender Herr war, wohl gleichfalls etwas auf seine Beine zugute hielt, aber nichts anderes als die Behendigkeit im Kopf hatte.

Wie ist das nun bei Walter Höllerer, der Hase und Igel zugleich ist? Als Hase jagt er die Furche hinauf und hinunter und der Einsicht nach, er sei stets als erster dagewesen, obwohl er als Igel immer schon da war und die Einsicht besitzen mußte, das ganze Rennen und Hasten sei gar nicht vonnöten. Man sagt zwar landläufig, was der eine in den Beinen hat, das hat der andere im Kopf und bevorzugt diesen mithin, ohne zu bedenken, daß die Beine, diese anthropologischen Kopfstützen, den ganzen Mechanismus erst auf den Boden der Tatsachen stellen. Walter Höllerer hat da keine Not, denn er hat es in den Beinen und im Kopf.

Der Igel als Igel »stand vor seiner Tür, hatte die Arme untergeschlagen und quinquillierte ein kleines Liedchen vor sich hin, so gut und so schlecht, als nun mal am lieben Sonntagmorgen ein Igel zu singen pflegt«. Er nahm die Welt wahr. »Die Sonne war hell am Himmel aufgegangen, der Morgenwind ging warm über die Stoppeln, die Lerchen sangen in der Luft, die Bienen summten im Buchweizen, und die Leute gingen in ihrem Sonntagsstaat zur Kirche, und alle Kreatur war vergnügt, und der Igel auch.« Diesen Wahrnehmungen des Igels als Igel standen die Einbildungen des Hasen als Hasen gegenüber. Der Hase als Hase bildete sich nämlich etwas auf seine langen Beine ein.

Der Hase als Igel und der Igel als Hase dagegen verfährt wie Walter Höllerers Gustav und G. Er nimmt diese Wahrnehmungen in Einbildungen wahr und bildet sich diese Einbildungen in Wahrnehmungen ein, worauf die wahrgenommenen Wahrnehmungen und die eingebildeten Einbildungen zu wahrgenommenen Einbildungen und eingebildeten Wahrnehmungen werden, womit er sich wahrnehmend einbildet und einbildend wahrnimmt, daß flinke Beine und ein rascher Kopf zusammengehören.

Aber nicht nur Tiervater Brehm, der den Igel als einen drolligen Kauz und den Hasen als einen gewandten Burschen beschreibt, sondern auch die Preisrichter der Deutschen Akademie für Sprache und Dichtung in Darmstadt haben erkannt, daß Walter Höllerer sich ehrlich und redlich durchs Leben schlägt, indem er ständig bergauf rennt. Die Preisrichter sagen: »Aktivität«, und so heißt es in der Preisbegründung von ihm, er sei ein Anreger und ein Vermittler, er sei originell und unermüdlich. Und tatsächlich, er ist ein Anreger wie der Igel, der gesagt hat: »Es kommt auf einen Versuch an«, und er ist ein Vermittler wie der Hase, der gesagt hat: »Von mir aus können wir es ja mal versuchen.« Er ist originell wie der Igel, der nämlich seine Frau in den strategischen Plan einbezieht, und er ist unermüdlich wie der Hase, der wie der Sturmwind durch die Furchen fegt, daß ihm die Ohren am Kopfe fliegen.

Walter Höllerer, in diesem Augenblick aber schon längst jenseits von Hase und Igel, hat in originellen und unermüdlichen Aktivitäten, anregend und vermittelnd, die Wahrnehmungen in Wahrbildungen und die Einbildungen in Einnehmungen verwandelt. Wahrbildend setzt er keine Grenzen, sondern markiert, und einnehmend greift er nicht gleich nach dem Allgemeinen, sondern begnügt sich mit der Einzelheit. Auf diese Weise bildet er die Wahrbildungen in Einnehmungen wahr und nimmt sogleich die Einnehmungen in Wahrbildungen ein, so daß wahrgebildete Wahrbildungen und eingenommene Einnehmungen zu wahrgebildeten Einnehmungen und eingenommenen Wahrbildungen werden, womit einige notwendige Widersprüche wahrbildend eingenommen und einnehmend wahrgebildet werden, nämlich die folgenden:

Bei diesen eingenommenen Wahrbildungen ist Walter Höllerer nicht mit Verlappungen und Kesselbildungen, sondern mit zarten Markierungen ganz anderer Art, und bei diesen wahrgebildeten Einnehmungen ist er nicht mit Kohl und

Salat, sondern mit wortwörtlichen Einzelheiten befaßt. Er sagt: »Lange Gedichte als Vorbedingung für kurze«, und das ist eine Markierung, die schon längst keine mehr ist; er sagt: »Laß alle Feiertäglichkeit beiseite, wenn es dir ernst ist«, und das steht im Zusammenhang mit Goethes zarter Empirie.

Diese notwendigen Widersprüche zeigen Walter Höllerers lockige Widerborstigkeit und seine widerborstige Gelocktheit. Walter Höllerer ist nämlich keine Märchenfigur, die entweder gut oder böse ist, treu wie der eiserne Heinrich oder tückisch wie das Rumpelstilzchen, oder, wie in unserer Geschichte, pfiffig wie der Igel oder behend wie der Hase, nein, Walter Höllerer ist eine dialektische Figur, die den Widerspruch in sich selber hat. Er ist Gustav Lorch und sitzt in Berlin auf dem Teufelsberg, und er ist seine Gegenfigur und sitzt in Rom auf dem Scherbenhügel, und indem er nach dem anderen Ausschau hält, betrachtet er sich selbst. So ist es nicht erstrebenswert, einfach nur dialektisch zu denken, sondern dialektisch zu sein. Das dialektische Denken der dialektisch Denkenden fördert einen widrigen Absolutismus zutage, während das dialektische Denken der dialektisch Seienden das schöne Relative hervorkehrt, indem jedes und alles immerfort seine Widersprüche zeigt, die nutzbringend aufgehoben und wieder neu ausgesprochen werden. Vor Denkmälern und vor Phantomen sträubt sich Walter Höllerers lockiges Stachelhaar, in Museen und in Systemen sieht man ihn fröhlich Kobolz schlagen, und deshalb müssen wir ihn preisen.

Nun ist der Hase im Märchen bekanntlich ein hoffärtiger Hase und der Igel ein Schweinigel, was man beides von Walter Höllerer ja nicht sagen kann. Obgleich er besser bergauf rennt, läuft er mit dir dirzuliebe auch mal bergab; und als er gefreit hat, hat er es genau so gemacht wie der Igel aus dem Märchen, er hat sich eine Igelin zur Frau genommen, aus Vorsicht vor dem behenden Hasen. Und was seine Aktivitäten betrifft, so geschehen sie folgerichtig alle von Berlin aus, wo es ja den Igelkolbensteig und wo es die Hasenheide gibt.

Mit Augen, Mund und Händen

Der Mensch geht über die Erde, mit Augen im Kopf, um zu schauen, mit einem Mund unter der Nase, um zu sprechen und mit Händen am Leib, um die Dinge zu betasten, die da herumstehen und -liegen. Schauend, sprechend und tastend bewegt sich der Mensch über die Erde, und er verbraucht viel Zeit, um die Augen zu öffnen, den Mund aufzutun und die Hände zu rühren. Er öffnet die Augen und schaut eine Weile, tut den Mund auf und spricht eine Weile, rührt die Hände und betastet eine Weile die Dinge, die da herum stehen und -liegen. Aber alle diese Handlungen, bei denen der Mensch so viel Zeit verbraucht, sind vergeblich gewesen, wenn er nicht wirklich die Augen geöffnet, den Mund aufgetan und die Hände gerührt hat. Denn geöffnete Augen entstehen nicht einfach nur, wenn du nach dem Schlafen die Augendeckel nach oben klappst, ein aufgetaner Mund entsteht nicht einfach nur, wenn du die Unter- und die Oberlippe voneinander entfernst, und gerührte Hände entstehen nicht einfach nur durch Herumfuchteln, oder durch Dreinschlagen, noch nicht einmal allein durch das sorgfältige Miteinander der Finger bei der Arbeit.

Wirklich geöffnete Augen, ein wirklich aufgetaner Mund und wirklich gerührte Hände sind Augen, Mund und Hände, die die Welt wirklich beobachten und wahrnehmen und sie dabei auf eine sonderbar untätige Weise verändern. Dieses andere Wirken der Augen, des Mundes und der Hände kommt durch etwas zustande, das sich der Mensch geschaffen hat, damit er in dieser Welt, in der er viel Zeit verbraucht, um zu schauen, zu sprechen und zu tasten, trotz des täglichen Brotes nicht verkümmern muß. Es ist das Kunstwerk, das der Mensch so nötig braucht wie das tägliche Brot, und das ihm ebensowenig wie dieses vorenthalten werden darf. Kunstwerke sind dazu da, die Augen auf eine andere Weise zu öffnen, den Mund auf eine andere Weise aufzutun und die Hände auf eine andere Weise zu rühren, auf daß der Mensch wirklich zu schauen, wirklich zu sprechen und wirklich zu tasten lernt, was in dieser Welt vor sich geht. Nun gibt es die alten Kunstwerke, an denen Augen, Mund und Hände sind, die das andere Schauen, das andere Sprechen und das andere Tasten lehren, und es gibt die neuen Kunstwerke ohne Augen, Mund und Hände, die dieses Schauen, dieses Sprechen und dieses Tasten auf ihre neue Weise lehren. Aber siehe da, alte und neue Weise des Schauen-, des Sprechen- und des Tastenlehrens sind sich eigentümlich gleich.

Nimm den archaischen Torso Apollos! Er hat gar keine Augen, nicht einmal einen Kopf, und doch gibt es so viel Anmut in dieser steinernen Ordnung seines Körpers; da ist keine Stelle, die dich nicht sieht, sagt Rilke, und er fügt hinzu: Du mußt dein Leben ändern. Nimm den Laokoon der rhodischen Bildhauer Agesandros, Polydoros und Athenodoros! Er kommt nicht zum Sprechen, schon gar nicht zum Schreien, obgleich ihn die Schlange würgt, die er noch nicht einmal fachkundig am Kopf hält, unmittelbar hinter dem ersten Halswirbel, wie es die Schlangenbändiger tun, um sie am Würgen zu hindern, nein, er läßt sich würgen und zeigt so viel Anmut in dieser steinernen Ordnung seines Körpers, daß Lessing sagt, er müsse den Mund geschlossen halten, damit die Schönheit des leidenden Gegenstandes in das süße Gefühl des Mitleids verwandelt werden kann. Nimm den David des Michelangelo! Mit welcher Anmut hat er Daumen-, Zeige- und Mittelfinger der rechten Hand an seinen nackten Oberschenkel angelegt, daß es noch nicht einmal der Andeutung einer Hosennaht bedarf, um glaubhaft zu machen, daß die Ordnung nicht eine Angelegenheit des Militärs, sondern einzig und allein der Kunst ist, die auf ihre Weise das andere Rühren der Hände hervorruft. Dieses andere Schauen, dieses andere Sprechen, dieses andere Tasten ist das veränderte Schauen, das veränderte Sprechen, das veränderte Tasten. Anmut und Ordnung der Kunstwerke sind es, die uns die Augen zu diesem veränderten

Schauen öffnen, den Mund zu diesem veränderten Sprechen auftun und die Hände zu diesem veränderten Tasten rühren. So siehst du auf einmal mit neuen Augen, sprichst mit einem neuen Mund und betastest mit neuen Händen die Dinge, die da herumstehen und -liegen.

Und nun nimm die Steine von St. Wendel als neue Kunstwerke! Sie brauchen keine Augen, keinen Mund und keine Hände, und doch lehren dich ihre Anmut und Ordnung ein neues Schauen, ein neues Sprechen und ein neues Betasten der Dinge, die da herumstehen und -liegen. Nimm Franz Xaver Ölzants Schilder und Schuppen, nimm die wachsenden Ringe Hajime Togashis! Auf ihnen zeichnet sich der tägliche Lauf der Sonne ab, diese Licht- und Schattenlinien öffnen deine Augen auf jene andere Weise, und dein verhängter Blick wird frei. Nimm Adolf Ryszkas gespaltenen Block, nimm den schlanken Stuhl Leo Kornbrusts! Adolf Ryszkas Block versperrt dir plötzlich den Weg, Leo Kornbrusts Stuhl lädt dich zum Sitzen ein. Ein Weg ist zu Ende, das verschlägt dir die Stimme; aber ein Platz ist zum Sitzen da, das löst dir die Zunge auf jene andere Weise, und deine belegte Stimme wird klar. Nimm Herbert Georges zergehende Pyramide, nimm den Walfischtorso Karl Prantls! Hier fühlst du das Harte und fühlst du das Weiche, die scharfen Kanten und die sanften Flächen öffnen deine Hände auf diese andere Weise, und dein zaghafter Griff wird fest.

So hat sich schließlich durch ein neues Schauen, ein neues Sprechen und ein neues Betasten der Dinge, die da herumstehen und -liegen dein Leben verändert: die Schuppen sind dir von den Augen gefallen, dein Mund ist nicht mehr verschlossen und du weißt endlich, wo du deine Hände lassen sollst. Und solltest du ein Landmann sein, der dort bei den Steinen seine Arbeit tut, so gib acht: bald wirst du voller Anmut über deine geordneten Furchen hüpfen, frei von der Furcht des Landmanns aus dem Lesebuch, der die Zähne der Egge brauchte, um seine krummen Furchen zu ebnen. Die

deinen werden auf jene andere Weise schnurgerade sein, auch
wenn es den alten Augen heute noch gar nicht so scheint.

Im knorzigen Dom von St. Wendel,
da tönt es nicht nur nach Händel.
In mancherlei Reih auch,
da riechts nicht nach Weihrauch,
denn Knoblauch ist kein Lavendel.

»Man denke sich die Natur, wie sie gleichsam vor einem Spieltische steht und unaufhörlich au double ruft, d. h. mit dem bereits Gewonnenen durch alle Reiche ihres Wirkens glücklich, je bis ins Unendliche wieder fortspielt. Stein, Tier, Pflanze, alles wird nach einigen solchen Glückswürfen beständig von neuem wieder ausgesetzt; wer weiß, ob nicht der ganze Mensch wieder nur ein Wurf nach einem höheren Ziel ist.« (Goethe)

Plinius der Ältere sagt: »Finger von den Bildern!« und er hat recht. Denn ein Bild ist das Beispiel einer Vorstellung, und es gibt keinen Grund dafür, warum der Mensch mit den Händen nach den Abgüssen seiner Imagination greifen sollte. Man stelle sich vor, da steht ein Mensch, streckt die Arme aus und greift mit den Fingern nach einem nachgebildeten Frauenkörper, nach abgebildeten Pflanzen oder nach umgebildeten Tieren, wo er doch ebenso gut nach einem Frauenkörper aus Fleisch und Blut, nach einer Pflanze aus Zellulose und Chlorophyll und nach einem Tier aus Fell und Knochen greifen könnte.

Wenn auch dieser nachgebildete Frauenkörper etwa eine venezianische Aphrodite, diese abgebildeten Pflanzen etwa Seerosen aus einem Garten in Giverny, und diese umgebildeten Tiere etwa blaue helvetische Pferde darstellen, und der Mensch, der nach diesen mit Händen greift, im Augenblick oder nie in seinem Leben der Gelegenheit teilhaftig wird, an eine Aphrodite aus Fleisch und Blut, an eine Seerose aus Zellulose und Chlorophyll oder an blaue Pferde aus Fell und Knochen Hand anzulegen, und es nur tut, um seinem Begehren nach so schönen Dingen nachzugeben, so ist der Anlaß, nach Abgüssen der Imagination zu greifen, ein verlorenes Bestreben des Menschen, der seine Hände auf viel bessere Weise zur Geltung bringen kann.

Besser, jede auf dieser Erde lebende Frau aus Fleisch und Blut, jede wie auch immer geratene Pflanze aus Zellulose und Chlorophyll, jeden tragfähigen Unpaarzeher aus Fell und Knochen zu umarmen, zu pflücken oder zu besteigen, als nach einer gemalten Aphrodite, nach einer gemalten Seerose oder nach einem gemalten Pferd mit den Händen zu greifen. Denn mit den Händen nach einem Bild zu greifen, würde bedeuten, daß, wer nach ihm greift, es auch angreift, es ergreift und schließlich begreift, während es Aphroditen, Seerosen und auch blaue Pferde aus Fleisch und Blut, aus Zellulose und Chlorophyll und aus Fell und Knochen eher auf ein Anfassen, ein Erfassen und ein Befassen angelegt haben.

Einer Aphrodite aus Fleisch und Blut ist es lieber, wenn man sie anfaßt anstatt daß man sie angreift, wenn man sie erfaßt anstatt daß man sie ergreift, wenn man sich mit ihr befaßt anstatt daß man sie begreift, obgleich nichts gegen das Angreifen, das Ergreifen und das Begreifen einer Aphrodite einzuwenden wäre. Einer Seerose und einem Pferd geht es nicht anders, aber es wäre eine Vermessenheit, lebendigen Wesen ihr Recht auf lustvolle Beschäftigung zu bestreiten, nur, um diese bedenkliche Werthaltigkeit einer Idee vorzuführen.

Das alles soll nun nicht heißen, ein Bild, wenn schon nicht zum Anfassen, sei nur zum Anschauen da. Im Gegenteil. Ein Bild kann, ebenso wie ein lebendiges Wesen, angefaßt und erfaßt, angegriffen und begriffen werden, und darüber hinaus kann man sich mit ihm befassen und es begreifen, nur nicht mit den Händen.

Zum Ergreifen und zum Erfassen dieser Beispiele seiner Vorstellung besitzt der Mensch nämlich zwei Körperteile, die ihm ausschließlich zu diesem Zweck zur Verfügung stehen, nämlich das Auge sowie Mark und Bein. Mit seinem Auge sowie mit seinem Mark und Bein wendet er sich den Beispielen seiner Vorstellung zu, und zwar allen Abgüssen seiner Imagination, seien es die scheinbar vorgefundenen oder die absichtlich gemachten. Da er nämlich »das Ding an sich« weder mit seinen Händen noch mit seinem Auge sowie mit Mark und Bein anfassen und erfassen, angreifen und ergreifen, geschweige denn sich mit ihm befassen und es begreifen kann, wendet er sich mit seinen Händen den scheinbar vorgefundenen, mit seinem Auge sowie mit Mark und Bein den absichtlich gemachten zu.

Das letztere geht nun aber auf höchst eigentümliche Weise vonstatten. Denn Bilder als absichtlich gemachte Beispiele der Vorstellungen haben nämlich eine Eigenschaft, die als körperliche Befähigung dem Wesen des Imaginativen eher zuwiderläuft: Bilder bewegen sich, sie springen ins Auge und gehen durch Mark und Bein. Diese nachgebildeten venezianischen Aphroditen, diese abgebildeten Seerosen aus einem Garten in Giverny und diese umgebildeten blauen helvetischen Pferde springen ins Auge und gehen durch Mark und Bein.

Nun ist ein Bild, das ins Auge springt, nicht das gleiche Bild, das ins Auge springt und durch Mark und Bein geht. Denn an einem Bild, das ins Auge springt, weidet sich das Auge, während sich Mark und Bein nicht mit dem Weiden begnügen. Mark und Bein zehren. So ist ein Bild, das ins Auge springt, eine Augenweide; ein Bild aber, das durch Mark und Bein geht, ist eine Mark- und Beinzehrung. Das Auge weidet sich, und es grast das Bild ab; Mark und Bein aber zehren und verleiben sich das Bild ein. Ein Bild ist dabei ebenso wenig eine bloße Mark- und Beinweide, wie es andererseits keine schiere Augenzehrung sein kann. Das Auge will nicht zehren, es will sich weiden; Mark und Bein aber wollen sich nicht weiden, sie wollen zehren.

Das hat Rückwirkungen auf die Malerei, auf die Bildhauerei und darüber hinaus auf die gesamte bildende Kunst. Denn wenn ein Bild, das ins Auge springt, nicht das gleiche Bild ist wie das, das ins Auge springt und durch Mark und Bein geht, dann ist das Bild, das ins Auge springt, ein Bild, das *nur* ins Auge springt, während das Bild, das ins Auge springt und durch Mark und Bein geht, ein Bild ist, das ins Auge springt und von da aus durch Mark und Bein geht. Die reine Augenweide ist folglich nur eine Augenweide, die Augenweide mit anschließender Mark- und Beinzehrung dagegen eine Augenweide mit schwerwiegenden Folgen.

Wenn eine nachgebildete Aphrodite, eine abgebildete Seerose und ein umgebildetes Pferd als Augenweiden und Mark- und Beinzehrungen angesehen werden, dann ist dieses Ansehen zurückzuführen auf ein Betrachten mit nachfolgendem schwerwiegendem Erleben. Betrachten eines Bildes aber, das nur als Augenweide angesehen ist, wäre nur Betrachtnis, wie das Erleben eines Bildes, das nur als Mark- und Beinweide angesehen ist, nichts als Erlebung wäre.

Nur wenn die Augenweide in Augenzehrung über-, und wenn der Mark- und Beinzehrung eine Mark- und Beinweide vorausgeht, dann kann auch aus Betrachtnis Betrachtung und aus Erlebung Erlebnis werden. Wahre Betrachtung, die zu folgenschwerem Erlebnis wird, setzt Augenzehrung sowie Mark- und Beinweide voraus; so muß das Auge zehren, wo es so gerne weiden möchte, ob es will oder nicht; und so müssen Mark und Bein weiden, wo sie doch nur aufs Zehren versessen sind.

Aber es kommt, in der Kunst wie sonst überall, auf die Futterverwertung an. Wenn das Auge sich an einer venezianischen Aphrodite, an einer Seerose aus Giverny und an blauen Pferden weidet, dann will es dieselben auch abgrasen, und wenn Mark und Bein diese abgegrasten Aphroditen, Seerosen und Pferde aufzehren, dann ist nur dann etwas damit getan, wenn sie mit Haut und Haaren, so als wären sie aus Fleisch und Blut, aus Zellulose und Chlorophyll, aus Fell und Knochen, einverleibt werden. Wenn ein Bild aber, anstatt zu einer Mark- und Beinzehrung zu werden, nur eine Augenweide bleibt, wo es also nichts abzugrasen, geschweige denn einzuverleiben gibt, da ist es bedenklich um die Kunst bestellt.

So sind die Kunstwerke entweder Dekorationen zur Augenweide oder harte Brocken zur Mark- und Beinzehrung. Dekorationen aber, Straß und augenfälliger Pappendeckel, sind unverdaulich; so hart jedoch die Brocken sind, wenn sie durch Mark und Bein gehen, sind sie verdaulich. Nachgebildete Aphroditen, abgebildete Seerosen und umgebildete Pferde, jene absichtlich gemachten Beispiele der Vorstellung, können Dekorationen zur Augenweide und harte Brocken zur Mark- und Beinzehrung sein wie Aphroditen aus Fleisch und Blut, wie Seerosen aus Zellulose und Chlorophyll und wie Pferde aus Fell und Knochen, jene scheinbar vorgefundenen Beispiele der Wahrnehmung. Die einen als erlebte Betrachtnisse und betrachtete Erlebungen sind die vorgefundenen und gemachten Dekorationen, die anderen als erlebte Betrachtungen und betrachtete Erlebnisse sind aber die vorgefundenen und gemachten harten Brocken. Die Dekorationen, Straß und augenfälliger Pappendeckel, sind zum Kotzen, weil sie unverdaulich sind; die harten Brocken dagegen liegen zwar wie Wackersteine im Magen, sie sind schwer zu verdauen, aber einmal verdaut, werden sie zur lebensnotwendigen Wegzehrung.

An diesem Punkt sind nun die scheinbar vorgefundenen und die absichtlich gemachten Dinge nahe zusammengerückt, wo es nämlich ums Abgrasen und ums Einverleiben geht. Hier, wo der Finger zum Auge geworden ist, will das Auge wieder zum Finger werden, und wo das Auge zum Finger geworden ist, will der Finger wieder zum Auge werden. Dekorationen abzugrasen und harte Brocken einzuverleiben kann nämlich ins Auge gehen, wie man sich beim Abgrasen von Dekorationen und beim Einverleiben von harten Brocken in den Finger schneiden kann.

Dieser Tatsache Vorschub leisten die Museumsdirektoren. Wie oft lassen sie nur der Augenweide einem abgrasenden Spielraum, verwehren dagegen der Mark- und Beinzehrung ihr einverleibendes Recht. Sie stellen zur raschen Betrachtnis und zur oberflächlichen Erlebung anheim, wo langwierige Betrachtung und tiefgreifendes Erlebnis nottäte. Kein Wunder, daß Leonardos »Mona Lisa«, die, anstatt zur Mark- und Beinzehrung, nur zur Augenweide freigegeben war, das Opfer einer japanischen Sprühdose zu werden drohte. Dort, wo Augenweiden zur sekundenschnellen Abgrasung angelegt und gar diese Abgrasungen den Lahmen und sonstigen Krüppeln aus Gründen des gehemmten Besucherstroms vorenthalten sind, dort hat die Kunst ihren einverleibenden Sinn vollends verloren.

Was sollen gemalte Aphroditen, Seerosen und blaue helvetische Pferde, wenn sie nur ins Auge springen und nicht durch Mark und Bein gehen? Als Dekorationen, Straß und augenfälliger Pappendeckel, sind sie bloß zum Kotzen. Nur als dicke Brocken, die schwer im Magen liegen, aber endlich verdaut, zur Wegzehrung des in eine schönere Zukunft heimkehrenden Menschen werden, sind sie einverleibenswert.

Und so sind die dicken Brocken am Ende gar nicht mehr unbedingt nachgebildete Aphroditen, abgebildete Seerosen und ungebildete Pferde, auch wenn sie noch so unähnlich den aus Fleisch und Blut, aus Zellulose und Chlorophyll, und den aus Fell und Knochen sind, auch wenn sie noch so sehr reine Beispiele der Vorstellung, gänzlich frei erfundene Abgüsse der Imagination sind, am Ende sind die dicken Brocken, die durch Mark und Bein gehen, nichts anderes als tatsächlich dicke Brocken der wortwörtlichen dicken Brocken, Wackersteine, so wie sie die sieben Geißlein in den Bauch des bösen Wolfs eingenäht und diesem damit zu einer tiefen Einsicht verholfen hatten.

Es sind die Hinkelsteine, die der dicke Obelix in unermüdlicher Geschäftigkeit ins gallische Kleinbonum schleppt, und es sind die Natursteine des Richard Long, die man in Kassel im magischen Kreis liegen sah. »Wer nicht an Stonehenge denkt, sieht nur Steine«, hieß es von Richard Long; und Majestix, von argwöhnischer Intelligenz, sagte zu Obelix, als dieser nach dem Besuch der Kleopatra seinen Steinen die Gestalt ägyptischer Obelisken geben wollte: »Die Form, die du neuerdings deinen Hinkelsteinen gibst, gefällt mir nicht. Bleiben wir doch gallisch.«

Und in dem Maße, in dem die dicken Brocken der Land-Art von Stonehenge, von Kleinbonum und von Kassel zur Mark- und Beinzehrung nicht mehr an Aphroditen, an Seerosen und an blaue Pferde denken lassen, in dem Maße entfernen sie sich von augenfälligen Dekorationen. So muß die bildende Kunst zur Mark- und Beinzehrung nicht zwangsläufig gegenstandslos, aber zur Augenweide auch nicht unbedingt gegenständlich sein.

Nachbildungen, Abbildungen, Umbildungen sind ebensolche Beispiele der Vorstellung, wie auch Einbildungen als Abgüsse der Imagination gelten können. Nur in verbrauchtem Zustand sind sie untauglich zur Einverleibung. Abgenutzte Aphroditen, ausgetrocknete Seerosen und abgehalfterte blaue Pferde taugen ebensowenig zur Einverleibung wie verschüttete Hinkelsteine. Wohl dem Künstler, dessen Aphroditen und Hinkelsteine widerstandsfähig und unverwüstlich bleiben! Wohl aber auch dem erlebenden Betrachter und dem betrachtenden Erleber, dessen Auge sowie Mark und Bein sich rüstiger Weidekraft und zählebigen Zehrvermögens lange erfreuen können!

An dieser Stelle, wo von Abnutzung und Austrocknung, wo von Abhalfterung und Verschüttung, wo aber auch von Widerstandsfähigkeit und Unverwüstlichkeit, wo von Rüstigkeit und Zählebigkeit, wo also von rudimentären Überlebseln und von zukunftsträchtigen Organen gesprochen werden muß, befinden wir uns auf dem Boden der biologischen Anthropologie. Was wird aus den Fingern auf der einen, und was wird aus dem Auge sowie aus Mark und Bein auf der anderen Seite werden? »Es sieht so aus, als ob die puffbildenden Gene ihren Aktivitätsgrad ständig verändern und den jeweiligen Anforderungen anpassen«, sagt der Anthropologe Bachmann, und das bedeutet Schrumpfung auf der einen und Entfaltung auf der anderen Seite.

Was für ein Glück für Mark und Bein! Denn durch den schrumpfenden Gebrauch des Fingers wird nach den Gesetzen des Lamarck der Finger schrumpfen, durch den entfaltenden Gebrauch des Auges sowie von Mark und Bein jedoch werden nach den gleichen Gesetzen von Gebrauch und Nichtgebrauch das Auge sowie Mark und Bein sich glücklich entfalten. Da der Mensch sich nicht wie der Schimpanse in Richtung auf hangelnde Lebensweise weiterentwickelt, sondern schnurstracks durch dick und dünn in eine schönere Zukunft heimzukehren trachtet, braucht er keinen Greiffuß und auch keine drehbaren Lendenwirbel, sondern rüstige und zählebige Weide- und Zehrorgane, ein gutes Auge sowie kräftiges Mark und Bein.

Wenn die Lamarckschen Gesetze einmal versagen oder gar keine Gültigkeit mehr haben sollten, so gibt es immer noch die vortrefflichen puffbildenden Gene. Im Übergang von der Augenweide zur Augenzehrung und von der Mark- und Beinweide zur Mark- und Beinzehrung wird sich das Auge und werden sich Mark und Bein auf unvorhergesehene Weise entfalten. Kausalität und Finalität werden sich innig durchdringen und gegenseitig aufheben; ob ursachenbestimmt oder zweckbestimmt, in tollkühnen Mutationen wird sich das Auge und werden sich Mark und Bein entwickeln, ohne Angst und Verlust der strahlenden Entelechie, trotz Darwins evolutionistischer Unruhe und trotz Wezlers physiologischem Gleichmut. »Ich bekomme Fieber, wenn ich an das menschliche Auge denke«, sagte Darwin, und Wezler führt aus: »Die Markreifung tritt sehr spät ein.«

Diese künftige Entfaltung von Mark und Bein wird aber nicht einfach nur eine Erweiterung oder eine Verdoppelung sein, sie wird keine Mark- und Beinmonster und sie wird auch keinen Mark- und Beinmongolismus hervorbringen, sie wird keiner Expansion wie dem Panafrikanismus oder der gelben Gefahr gleichkommen, sie ist nicht darauf erpicht, daß der Mensch anstatt zwei nun auf einmal vier Beine und ein vierfaches Mark, und ist auch nicht darauf versessen, daß er dieselben in gigantischem Ausmaß oder gar auf gefahrdrohende Weise besitzen soll. Im Gegenteil, die künftige Entfaltung von Mark und Bein hat es nur auf die Güte abgesehen, die sich nach und nach einstellt, zwar tollkühn, aber nicht auf einen Schlag.

Der Mensch ist kein Wesen und auch die Kunst ist kein Ding von heute auf morgen. Übermorgen jedoch wird es Weiden und Zehrungen geben, die heute und morgen noch ihresgleichen suchen. Dann nämlich werden die Weide- und Zehrorgane im struggle for art voll entfaltet und gerüstet sein. Aphroditen und Seerosen, Pferde und Hinkelsteine werden nicht umsonst nach- und abgebildet, um- und neugebildet sein; sie werden aber von den Malern und den Plastikern und auch von den anderen Schöpfern der schönen Künste neue Phantasie zur Nach- und zur Abbildung, zur Um- und zur Neubildung verlangen. Denn die Weide- und Zehrorgane, Auge sowie Mark und Bein, werden nicht mehr nur nach einschlägigen Aphroditen und Seerosen, nach altbewährten Pferden und Hinkelsteinen trachten, ihr Sinn wird nach neuen Wackersteinen stehn, an denen sie nutzbringend Zehrung und Verdauung finden.

Doch die Entfaltet- und Gerüstetheit von Mark und Bein darf nicht mit Vierschrötigkeit und Robustheit verwechselt werden. Mark und Bein sind feinfühlig, wenn nicht gar zart besaitet, und das ist ihr natürliches Verdienst. Die zukünftige Malerei braucht nicht mit riesenhaften Gebärden zu drohen, und die Architektur hat keinen Grund, mit gigantischen Alexanderplätzen zu protzen, Terpsichore kann auf Massenchöre und Melpomene auf jede Art von Verstellung verzichten. Die neuen Wackersteine können gut und gerne schlicht und schmucklos sein, harte Brocken für alle und jeden.

Doch wichtig ist, daß Mark und Bein erzittern. Und so erhebt sich als Auftrag für unsere Schulen der Zukunft nicht: Augen- und Fingerfertigkeit, sondern: Mark- und Beinbildung; denn wer weiß, worauf der Mensch noch zugeht, wenn er heimkehren will.

Für einen Bildhauer

Im Anfang war das Wort.
Wirf Beil und Meißel fort.
Was willst du aber tun?
Nur reden oder ruhn.

Quellennachweise

Dieses Buch ist ein Lesebuch. Die Lesestücke sind zuerst früher schon und zumeist in anderen Büchern erschienen.

»Mond in den Fischen. Mein Lebenslauf bis zu meinem fünfzigsten Lebensjahr.« Geschrieben 1976. Erstdruck.

»Die Harmonie der Widersprüche. Eine kleine saarländische Sprachkunde.« Teilveröffentlichung in: »Akzente«, Heft 2, April 1976; vollständige Veröffentlichung in »Dudweiler 977–1977«, herausgegeben im Auftrag des Stadtverbandes Saarbrücken von Peter Blickle, Saarbrücken 1977.

»Dies antiquarische Saarland.« Kalenderspruch für 1970.

»Die saarländische Freude. Einleitung für eine zukünftige Erziehungslehre.« Geschrieben 1976. Erstdruck.

»Saarländische Limericks«. Veröffentlicht in: »Saar-Kunst-Kalender-73«, Edition Monika Beck, Schwarzenacker 1973.

»In die hinter halte prellen.« Kalenderspruch für 1965.

»Körperbau und menschliche Natur. Ein Beitrag zum Geist der Utopie.« Veröffentlicht in: »Märchen, Sagen und Abenteuergeschichten auf alten Bilderbogen«, Heinz Moos Verlag, Gräfelfing 1974.

»Wehrt dem Herz- und Kreislauftod!« Veröffentlicht in: »Unartige Bräuche«, Eremiten-Presse, Düsseldorf 1976.

»Die Geschichte vom zuverlässigen Wandel.« Veröffentlicht in: »Da nahm der Koch den Löffel«, Residenz Verlag, Salzburg 1974.

»Staub von den Sternen. Meine Erlebnisse mit der Musik.« Geschrieben 1976 für den NDR, Erstdruck.

»Wenn die Sterne gleißen.« Kalenderspruch für 1972.

»Mein realistisches Geschäft. Arbeitsplatzbeschreibung.« Teilveröffentlichung in »Realismus – welcher?«, Edition Text + Kritik, München 1976.

»Die Biescher un es Läwe.« Veröffentlicht in: »Pfaffenweiler Brevier«, Pfaffenweiler Presse 1977.

»Brot fürs Ohr.« Veröffentlicht in: »Neues Hörspiel. Essays, Analysen, Gespräche«, Suhrkamp Verlag, Frankfurt 1970.

»Wer nicht hören will, muß fühlen.« Veröffentlicht in der Hörspiel-Programmvorschau des SR, Saarbrücken 1970.

»Familienähnlichkeiten.« Veröffentlicht in: »Akzente«, Heft 1, München 1970.

»Wo der Hund begraben liegt. Leichenbegängnisse als Thema enttabuisierter Spiele.« Geschrieben 1976 für den WDR, Erstdruck.

»Einst war der berühmte Halberg.« Geschrieben 1973. Erstdruck.

»Lehrstunde mit Griffen.« Veröffentlicht in: »Zeitmesser dpa. Saarländische Künstler arbeiten mit Nachrichten.« Saarbrücken 1975.

»Jenseits von Zuckerbrot und Peitsche oder Die Aufhebung der Widersprüche.« Veröffentlicht in: »Kontakt mit der Zeit«, Sveriges Radios förlag, Stockholm 1976.

»Rückflüge. Rückblick auf eine Aufsatzsammlung.« Veröffentlicht in: »Akzente«, Heft 2, München 1974.

»Fisimatenten zu Fisimatenten.« Veröffentlicht in: »Fisimatenten. Druckgraphik saarländischer Künstler in zwei Mappenwerken«, Saarbrücken 1973.

»Kulturaustausch.« Geschrieben 1973 für einen Ausstellungskatalog saarländischer Künstler in Algier.

»Kunst und Kapital. Ausstellungseröffnung für Hans Dahlem.« Geschrieben 1975, Erstdruck.

»Mein lieber Hans aus Blieskastel.« Geschrieben 1973. Erstdruck.

»Lobrede auf Eugen Helmlé.« Veröffentlicht in: »Saarheimat«, Heft 1, Saarbrücken 1973.

»Übersetzung ist nicht wenig.« Geschrieben 1973. Erstdruck.

»Das Märchen von der Fee.« Geschrieben 1976. Erstdruck.

»Ein roter Narr.« Veröffentlicht in: »Alfred Gulden: Naischt wii Firz em Kopp.« Verlag J. P. Peter, Rothenburg ob der Tauber 1977.

»Lobrede auf Walter Höllerer.« Veröffentlicht in »Deutsche Akademie für Sprache und Dichtung Darmstadt, Jahrbuch 1975«, Verlag Lambert Schneider, Heidelberg 1976.

»Mit Augen, Mund und Händen.« Veröffentlicht in: »Internationales Steinbildhauer-Symposion, St. Wendel 1973.

»Im knorzigen Dom von St. Wendel.« Veröffentlicht in: »Saar-Kunst-Kalender-73«, Edition Monika Beck, Schwarzenacker 1973.

»Diskurs über die Entfaltung von Mark und Bein.« Veröffentlicht in: »Literaturmagazin 3«, Rowohlt Verlag, Reinbek 1975.

»Für einen Bildhauer.« Geschrieben 1964. Erstdruck.

Inhalt

Bücher von Ludwig Harig im
Carl Hanser Verlag

Sprechstunden für die deutsch-französische Verständigung und die
Mitglieder des Gemeinsamen Marktes, ein Familienroman. *1971.*

Und sie fliegen über die Berge, weit durch die Welt. Aufsätze von
Volksschülern, herausgegeben von ihrem Lehrer. *1972.*

Allseitige Beschreibung der Welt zur Heimkehr des Menschen in
eine schönere Zukunft. *Roman, 1974.*

Netzer kam aus der Tiefe des Raumes. Notwendige Beiträge zur
Fußballweltmeisterschaft. *Herausgegeben von Ludwig Harig und
Dieter Kühn, 1974.*